일
본
의
아
름
다
운
계
단

40

서문

좋은 계단은 모양과
재질이 무척 다양하다.
손이 닿을 만큼 가까이
있는 계단을 자세히
들여다보면 부품 하나하나가
모두 다르다. 책에서는
저마다 작품이라고 부를
만한 계단의 디테일을
모아보았다.
수없이 많은 계단을 본
후에야 비로소 목제 난간,
금속제 난간기둥, 테라초로
만든 옆판이 '계단의 정석'
이라는 사실을 인정할 수
밖에 없었다. 또 이처럼
아름다운 계단을 현장에서
직접 만드는 장인들을 만나
'계단 만들기의 비밀'에 대해
들어봤다.

이 책은 아름다운 계단의 프로필을 수집한 책이며, 계단의 매혹에 대해 말하는 책이다. 계단의 매혹이란 뭘까. 소재, 용도, 건축 시기, 그리고 보는 각도에 따라서 늘 다른 모습을 보여주는 것 아닐까. 마루, 벽, 천장이라는 평면적인 요소로 조립된 건축 공간에서 유일하게 입체적인 조형물이 바로 계단이다. 설계자에게도 자신의 디자인 능력을 마음껏 표현할 수 있는 분야이기도 하다. 건물 홀에 설치된 계단은 미술관 예술품과 견주어도 뒤지지 않는 예가 많지만 계단은 그저 감상하는 대상이 아니다. 올라가고 내려가는 사람의 움직임과 함께하는 계단은 어쩌면 건축에서 사람의 몸과 마음이 가장 많이 닿는 공간인지도 모른다.

난간을 잡고 신체 리듬을 계단에 맞추며 발을 내딛으면 눈앞의 시야도 바뀐다. 큰 원을 그리는 유선형 계단은 우아한 기분에 젖게 하고 기능적인 계단은 냉철한 감정을 자아낸다. 가령, 영화관에 설치된 계단은 쳇바퀴 같은 현실을 탈출하려는 관객들을 비일상의 세계로 초대한다. 계단을 설계한다는 것은 사람의 움직임과 감정을 디자인하는 것과 본질적으로 다르지 않다.

이 책의 아이디어는 사진가 니시오카 기요시(西岡潔) 씨로부터 비롯되었다. BMC(빌딩 마니아 카페)가 2012년 출간한「빌딩 사진집」의 사진을 맡았던 니시오카 씨는 빌딩 촬영을 거듭하면서 점점 계단에 심취해 계단 사진을 촬영하기 시작했다. 따라서 이 책은 유명세와 상관 없이 일본의 아름다운 빌딩을 발굴하고 소개하는 BMC의 책인 동시에 계단의 매력에 일찍 눈뜬 니시오카 기요시의 사진집이기도 하다. 시간과 추억이 켜켜이 쌓인 건축물의 계단을 걸어보자. 셀 수 없이 많은 발걸음을 받아 낸 어느 늠름한 계단의 생애와 계단의 형태를 창조한 건축가의 아이디어, 구상을 현실의 공간에서 실현하기 위해 땀 흘린 직공들의 기술에 대해서도 생각해보자. 계단은 이렇게 자신만의 이야기를 만들어 간다. 계단의 세계에 온 것을 환영한다.

BMC 빌딩 마니아 카페

간사이 대학 센리야마 캠퍼스   14
오사카 부립 나카노시마 도서관   22
USEN 오사카 빌딩 구관   30
마루노우치의 빌딩   36
       신도쿄 빌딩   37
       국제 빌딩   40
       유라쿠초 빌딩   46
기타효 레트로 빌딩   48
야쿠르트 본사 빌딩   52
다이마루 신사이바시 점 본관   60
아테네 프랑세   68
야마모토진 상점   74
GROW 기타효 빌딩   80
면업 회관   84
추산렌 빌딩   94
구라요시 시청, 세이토쿠 초등학교   102
쇼쿠도엔 빌딩   108
팰리스사이드 빌딩   112
시바카와 빌딩   120
야마토 인터내셔널 오사카 본사   126
조노 빌딩   132
도쿄문화회관   136
닛세이 극장   144

오쿠노 빌딩   148
유지공업회관 빌딩   152
이코마 빌딩   160
뉴 신바시 빌딩   164
신한큐 빌딩   168
신바시 역 앞 빌딩 1호관   174
오사카 역 앞 제2빌딩   178
아오야마 빌딩   184
묘조지(妙像寺)   188
다이한신 빌딩   194
타키야 본사 빌딩   198
도쿄엔   202
옛 이와사키 저택 정원 양옥   206
도쿄 사누키 클럽   212
오사카 아사히 빌딩   216
약사협회 연금회관   222
오사카 클럽   226
메구로구 종합청사   232
시오노기 제약 구(舊) 중앙연구소   238
시노노메엔   246

부록
계단의 구성과 감상

난간   254
금속 장식   256
디딤판, 바닥면   258
조명   260
층수 표시   262
계단 뒷면   264
그 외   266
계단 만들기   268

이 책에서 소개하고 있는 계단에는
견학할 수 없는 곳이 포함되어 있습니다.
무단으로 건물 안에 들어가는 것은 삼가주세요.

간사이 대학 센리야마 캠퍼스

간사이 지방을 대표하는
사립학교 중 하나인
간사이 대학의 센리야마
캠퍼스는 건축가 무라노
토고 (村野藤吾, 1891—
1984)의 건축 박물관이라고
해도 과언이 아니다.
전후(戰後) 바뀐 대학
제도에 맞춰 1949년 대학원
건물을 시작으로 1980년
다이이치(第一) 고등학교
건물까지 무라노 토고는
이곳에 총 40개가 넘는
시설을 건축했다.
그가 작고한 해가 1984년
이니 제2차 세계대전
이후 대부분의 시간을
간사이 대학 건설에 쓴
셈이다. 애석하게도 이미
사라지거나 리모델링한
건물이 많고, 남아 있는
건물의 내부도 대부분
보수를 했지만 각 시대별
무라노 건축의 핵심을
파악하기에는 큰 무리가
없다. 보통 대학 캠퍼스라고
하면 엄정한 계획에 따라
시설이나 광장을 배치하는
게 기본이지만 간사이 대학
센리야마 캠퍼스에는 그런
종류의 구상이 존재하지
않는다. 대학 규모가 커질
때마다 주위 부지를 구입해
되는 대로 시설을 늘렸다.
설계를 맡은 무라노 자신도
그런 상황을 즐긴 듯 캠퍼스
전체의 통일감보다는
시설에 따라 다양한
디자인을 시도했다.

사각형 건물에 원형
도서관을 설계하거나
입체적인 홀을 구현하는
등 여러 형태의 변주를
시도했고, 마감재도
타일이나 노출 콘크리트 등
다양한 재료를 사용했다.
무라노 디자인의
쇼케이스가 바로 센리야마
캠퍼스인 셈이다.
간사이 대학은 경사지에
위치하고 있어서 지면
높낮이의 차가 심한 탓에
건물과 건물을 연결하는
계단이나 슬로프가
대단히 중요하다. 시설
내부뿐 아니라 오픈
스페이스에서도 무라노의
디자인은 전혀 동요하지
않는다. 애석하게도 외부
계단 대부분은 사라지고
없지만 건물 내부 계단은
여전히 건재하다. 계단도
시대나 규모, 용도에
따라 쓰임이나 디자인을
달리한다. 간사이 대학
무라노 토고의 계단
이야기만으로도 책 한 권은
너끈히 쓸 수 있을 것이다.

간
사
이
대
학
1
센
리
야
마
캠
퍼
스

3

3
1959년에 지은
법문학 연구실 1호동.
복도와 연결되게
설계해 개방성을 높인
계단이다. 연구실
나무 문이 나란히
배치된 공간과 손때
묻은 난간, 바닥
광택이 조화를
이룬다.
4
쇠막대기를 구부려
리본을 묶어놓은
듯한 형상을
연출했다. 무라노
토고 계단 디자인의
한가지 특성이다.

1
센리야마 캠퍼스에서
가장 무라노
토고다운 작품을
꼽으라면 1955년에
지은 도서관
증축동의 나선형
계단일 것이다.
날렵하고 매끄러운
계단이 얼마나
감동적인지는
실제로 방문해
확인하기 전까진
느끼기 힘들다.
2
사람들의 시선을
끄는 아름다운
나선형 계단 옆에
나직하고 소박한
계단이 있다. 붉은
벽돌을 쌓아 빚어낸
중후함이 오래된
교회를 연상케 한다.

4

5

5
대학 본부가 있는
간사이 대학 회관은
1965년에 지어졌다.
최상층 대회의실로
가는, 완만한 커브를
이루는 늘씬한
철제 나선형 계단이
단연 으뜸이다.
아름다운 계단 위로
쏟아지는 자연광
또한 무라노의
연출이 돋보이는
부분이다.

6
꾸불꾸불한 계단
커브를 지탱하는
버팀기둥이 거대
동물의 등뼈를
떠오르게 한다.

7
1968년 건축한
제3학사 1호관.
강의실에 드나드는
수많은 학생들을 위해
넓은 복도와 계단을
설치했다. 계단의
생김새는 지극히
단순하지만 이동만을
위한 계단이라기
보다는 학생들의 쉼터
역할을 할 수 있게
설계했다.

8

8
1960년 이후 증축한
이공계 건물
제4학사는
전체적으로 각진
디자인이다.
계단 난간도
플라스틱을 이용해
단순하면서도
경쾌하게 구성했다.
살짝 구부리거나 비튼
난간의 조형에서
무라노 특유의 개성을
엿볼 수 있다.
9
1963년에 세워진
종합체육관
(현 센리야마 히가시
체육관)의 계단.
콘크리트 기둥에
둘러싸인 폭 넓은
계단은 콘크리트로
만들었지만 공중에
떠 있는 듯 가벼워
보인다.

9

간사이 대학
센리야마 캠퍼스.
1949년—1980년
사이에 건축되었다.
무라노 · 모리
건축사무소(무라노
토고)가 설계했다.
오사카부 스이타시
야마테마치 3—3—35

2

오
　사
　　카
　　　부
　　　　립
　　　　　나
　　　　　　카
　　　　　　　노
　　　　　　　　시
　　　　　　　　　마
　　　　　　　　　　도
　　　　　　　　　　　서
　　　　　　　　　　　　관

오사카 부립
나카노시마 도서관
1904년에 개관한 오사카
부립 나카노시마(中之島)
도서관. 스미토모 집안의
15대 손인 스미토모
기치자에몬(住友吉左衛門)의
기부로 지어진 건물이다.
본관 설계는 당시 스미토모
가의 건축 지사장이었던
노구치 마고이치(野口孫市)가
담당했다. 히다카 유타카
(日高胖)의 지휘로 1922년
증축된 이후, 지금까지 당시
모습을 그대로 유지하고 있다.
화려한 오사카 중앙공회당과
사람들의 출입이 많은 오사카
시청 사이에 위치한 탓에
다소 소박한 인상을 풍기지만
중후한 멋이 느껴지는 구조와
신전 같은 외관은 공공
도서관이라고는 생각되지
않는다. 특히 중앙 홀에
자리한 계단은 호화롭고
우아한 아름다움을 뽐낸다.
오사카 시 중심부에 자리하고
있으면서 시민들을 위해
만들어진 이 도서관은 1974년
중요 문화재로 지정되었다.

1
난간부터 장식,
계단 뒤편, 층계참,
벽면 일부에
이르기까지 나무의
질감을 살린 재료를
사용했다.
2
중앙 홀은 공간을
2층까지 훤히
터서 설계했다.
좌우로 갈라지는
계단은 2층의 원형
복도와 이어진다.
3
계단을 한층
차분하고 우아한
모습으로 이끄는
난간 끝 조명.

4

4
장식적인 돔
상부에는 천창이
있어서 창문 없는
홀에 자연광이
들어온다.
5
조명기구와
천창에서
들어오는 자연광이
합쳐져 은은한
분위기가 돋보이는
원형 복도.

5

오사카 부립
나카노시마 도서관.
1904년 건축,
1922년 증축.
철골보강에 의한
석조 및 벽돌 구조이며
지상 3층 규모다.
스미토모 본점 임시
건축부의 노구노
마고이치와 히다카
유타카가 설계했다.
오사카부 오사카시
기타구 나카노시마
1—2—10

USEN 오사카 빌딩 구관
2004년 USEN(당시 오사카
유선방송사) 본사가
도쿄로 이전하기 전까지
본사 건물로 사용된 곳이다.
1층 길가에 면한 쇼윈도
안으로 보이는 주홍빛
나선형 계단이 돋보인다.
밋밋한 첫인상과는
달리 위층으로 갈수록
살아 움직이듯 모습을
달리하면서 정원 딸린
산장을 연상케 하는
최상층의 넓은 휴게실로
사람들의 발길을 이끈다.
건축가의 비범함이
느껴지는 이 아름다운
나선형 계단은 빌딩의
상징으로 2013년까지
그 모습을 유지했다.

USEN 3
오사카 빌딩 구관

3

4

1
반원을 그리며
그림자의 변화를
볼 수 있도록
설계한 난간.

2
수수한 입구
코너에 붉은 융단을
깔아 놓은 듯한
나선형 계단.

3
나선형 계단의
뒤쪽에는 계단의
또 다른 모습이
있다. 바닥면으로
날카롭게 좁아지는
조형에서 율동감이
느껴진다.

4
테라초(석회암·
대리석가루를
시멘트와 섞은
후 광택을 낸
인조석)로 마감한
난간은 사람
손이 자연스럽게
닿게끔 경사지게
만들어졌다.

5
외부에서
계단이 보이도록
고급스러운
창을 설치했다.
마치 미술작품처럼
행인의 눈을
사로잡는다.
계단 입구가
아름다운 것은
이 창을 통해
들어오는 자연광
덕분이다.

6
계단 폭이 조금씩
줄어들면서
나선의 끝자락이
페이드아웃 된다.
난간도 마찬가지로
그 존재감이 서서히
줄어든다.

7
계단 뒤편에서
바라본 층층이 쌓인
계단의 모습.
길게 뻗은 형상이
문에 난 작은
구멍을 몰래
들여다보는 듯한
기분에 빠지게한다.

USEN 오사카
빌딩 구관.
1973년 건축.
철골철근
콘크리트 구조이며
지상 8층, 지하 1층
규모다. 도하타
건축사무소가
설계했다.
오사카부 오사카시
주오구 다카스
3—15—5

5 6

마루노우치의 빌딩

일본 오피스 타운을
대표하는 도쿄 마루노우치
(丸の内) 거리(도쿄 역과
황궁 사이에 위치하는
상업지구). 메이지
시대(1868—1912)에
미츠비시사가 그 일대를
장악한 후 일본에서
근대적인 오피스 건물의
선구자 구실을 한 건축물이
바로 마루노우치 빌딩이다.
전후 고도경제성장기에
접어들면서 하늘 높이
치솟은 건물들이 모여
스카이라인을 만들었다.
(당시 건물 높이는
31m로 제한되었다.)
지금은 도쿄 역 주변을
중심으로 규제 완화 이후
초고층 오피스 빌딩촌이
형성되었지만 마루노우치는
언제나 제1의 일본 오피스
거리를 선도해왔다.
최근 이곳에도 초고층
빌딩으로 리모델링하는
건물이 늘어났지만
유라쿠초(有楽町) 방면에는
아직 1960—1970년대
빌딩이 남아 있다. 이 시대의
빌딩을 각별히 아끼는
BMC(빌딩 마니아 카페)
에게 이곳은 '빌딩의 성지'
같은 곳이다. 길을 따라
비슷한 규모와 높이의
건물들이 어깨를 나란히
하고 그 사이사이 가로수와
벤치가 도심 속 휴식 공간을
제공한다.

이곳에는 한 시대가 추구한
이상적인 도시 공간이
실현되어 있다. 앞으로도
이 거리는 가치 있는
역사적 경관의 한 장면으로
영원히 자리매김 할 것이다.
이 지역 빌딩의 흥미로운
점 중 하나는 미츠비시지쇼
(三菱地所)사가 거의
동일한 시기에 이곳 건물을
설계했음에도 커튼월이나
타일 벽 등 외관 디자인이
전혀 다르다는 것이다.
그럼에도 고도와 벽면이
가지런해서 전체적인
통일감과 품위를 잃지
않은 점이 특이할 만하다.
인테리어 디자인도 모두
다르기 때문에 건물 내부를
걸어 다니며 내부를
관찰하는 즐거움도 크다.
빌딩 입구와 정면으로
마주하는 홀에는 저마다
상징적인 계단이 있다. 예나
지금이나 마루노우치의
오피스 빌딩에서 일하는
것은 일본 직장인에게
선망의 대상이다. 그런
자부심이 계단 디자인에도
나타난다.

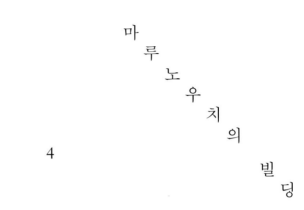

3

신도쿄 빌딩.
1963년(1기),
1965년(2기)에
건축되었다.
철골철근 콘크리트
구조이며 지상 9층,
지하 4층 규모다.
미츠비시지쇼사가
설계했다.
도쿄도 치요다구
마루노우치
3—3—1

두 번에 걸쳐 지어진
신도쿄 빌딩은
높은 천장과 넓은
홀이 특징이다.
엘리베이터가 나란히
놓인 양측 벽에는
선명한 컬러의
모자이크 벽화가
그려져 있다.
그 옆에 덧붙이듯
놓인 계단은 단번에
눈을 사로잡지는
않지만 유려한 커브와
강한 질감의 소재를
선택함으로써
그 존재감을 드러낸다.

신도쿄 빌딩

1
시원하게 트인
입구 홀과 계단.
하얗게 빛나는
대리석과 모자이크
벽화 조합이
당대의 호화로움을
말해 준다.

2
붉은 벽을 배경으로
백색 대리석과
검정색의 대비,
그리고 스테인리스
난간이 자아내는
조합이 돋보인다.

3
발밑 검은 돌의
유기적인 형태와
아래쪽으로
갈수록 좁아지는
스테인리스 난간
조합이 추상적인
조각 작품을
연상케 한다.

2

국제 빌딩

1
입구 홀 메인 계단.
대리석 벽에는
릴리프(부조)가
새겨져 있다.
2
정밀 가공한 공업
제품을 떠오르게
하는 주물로
만든 디딤판과
스테인리스 난간.
3
황궁과 면한 제국
극장 쪽에 설치된
폭 넓은 계단.
층계참(계단
중간에 두는
공간으로 진행
방향을 바꾸거나
휴식과 피난 등의
목적을 가진다)에
설치된 틈의 간접
조명과 헤링본
무늬처럼 만든
하얀 모자이크
타일의 조합이
특별하다.

3

6

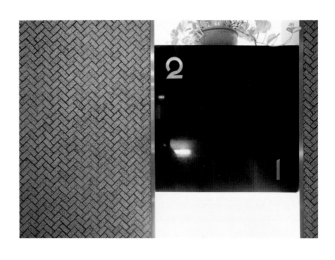

4
이 계단에도
층계참에 릴리프
형상의 벽이
설치되어 있다.
5
날렵한 매끄러움이
돋보이는 계단.
과거 계단 밑에는
물이 채워져
있었을까.
6
뒤편 지하에는
이런 우아한 커브를
그리는 계단이
있다.

국제 빌딩.
1966년 건축.
철골철근 콘크리트
구조이며 지상 9층,
지하 6층 규모다.
미츠비시지쇼사 설계.
도쿄도 치요다구
마루노우치
3—1—1

제국 극장과 공동으로
지어진 국제 빌딩은
다채로운 계단의
변화가 특징이다.
그 형상뿐 아니라
점포나 외부와의
관계, 소재를 선택하는
방법 등 다양한 계단
디자인을 실험했다.
건물 외관 디자인은
건축가 다니구치
요시로(谷口吉郎)가
담당했다.

2

유라쿠초 빌딩

1
사각형의 도자기
그릇을 장식한 듯한
벽을 배경으로
위아래 층을
연결하는 두 개의
계단이 입체적으로
교차한다.
2
계단을 오가는
사람들의 발
움직임을 표현한
듯한 난간 장식.
발판 끝머리를 검게
칠한 디자인은
세 빌딩 모두
동일하다.

유라쿠초 빌딩.
1966년 건축.
철골철근
콘크리트 구조이며
지상 11층,
지하 5층 규모다.
미츠비시지쇼사가
설계했다.
도쿄도 치요다구
유라쿠초
1—10—1

다른 건물에
비해 규모도 작고
유라쿠초 역에서
가까운 입지적인
측면에서 봤을 때
이 건물은 오피스
빌딩이라기보다는
쇼핑몰 같은 인상을
풍긴다. 내부
인테리어도 도자기
같은 입체감을
띤 갈색 타일을 붙인
중앙 홀을 기점으로
위아래 층과의
연속성을 의식한
개방성에 주안점을
두었다. 2층으로
이어지는 계단 난간은
거울처럼 반짝이는
스테인리스 소재를
사용했다.

5

기타효 레트로 빌딩

기타효(北兵) 레트로 빌딩은
과거 오사카 금융의 중심지로
번성했던 기타효에 자리하고
있다. 메이지 시대에 벽돌로
지은 서양식 건물이다.
처음에는 주식 중개인
상점으로 쓰려고 지었으나
전쟁 후 건축 재료 상사의
본사로 사용되었다. 1998년
지금의 건물주가 건물을
사들인 이후 현재는 홍차
전문점으로 운영된다.
내부에 남아 있는 오리지널
장식에서는 20세기말
유럽에서 싹튼 새로운 디자인
조류와 기하학을 활용한
현대적인 디자인의 영향을
발견할 수 있다.
건물 안쪽 강이 보이는
위치에 설치된 계단은 주택
계단처럼 스케일이 작다.

딩
빌
로
트
레
효
타
기

2

1
좁은 공간에 급경사
계단을 설치했다.
몸을 꼬는 생물체
같은 난간이
멋지다. 목제
계단에 쇠로 만든
보강품은 이전부터
있었던 것이다.

2
계단실을 올려다본
장면. 난간 끝에
있는 굵은 기둥이나
벽 테두리에
보이는 기하학적
장식이 특징이다.
천장 패턴도
오리지널이다.

3
영국 과자와 잡화가
진열된 폭이 좁고
긴 점내 깊숙이에
2층에서 들어오는
자연광을 받아
반짝이는 에메랄드
빛깔의 계단이
있다.

기타효 레트로 빌딩.
1912년 건축.
벽돌 구조이며
지상 2층,
지하 1층 규모다.
설계자 미상.
오사카부 오사카시
주오구 기타효
1—1—26

딩
빌
사
본
트
르
쿠
야

야쿠르트 본사 빌딩

1972년 신바시(新橋) 역
근처의 야쿠르트 본사
빌딩은 건축가 엔도
마사요시(圓堂政嘉)
사무소에서 설계했다.
좌우대칭을 이루고 있는
이 육중한 고층 빌딩에는
건축가가 해석한 야쿠르트
기업의 정체성이 고스란히
담겨 있다. 고층부 미러
글래스 커튼월은 '빛'을,
중간 층 벽면을 타고 자라는
아이비는 '푸르름'을, 그리고
지상 분수와 물은 '유려함'
을 의미한다. 이것들이 모여
건강 기업의 염원이 된다.
일반적인 오피스 빌딩과
달리 이곳에는 약 500석
규모의 객석을 겸비한 홀이
있다. 과거에는 이곳에서
패션쇼와 같은 다양한
이벤트가 개최되었다.
건물 정면 왼쪽에 있는
철재를 엮어 만든 계단은
이 홀의 피난계단이다.
비상시를 위해 설치했다고
하지만 섬세함이 돋보이는
조각 오브제처럼 보인다.

6

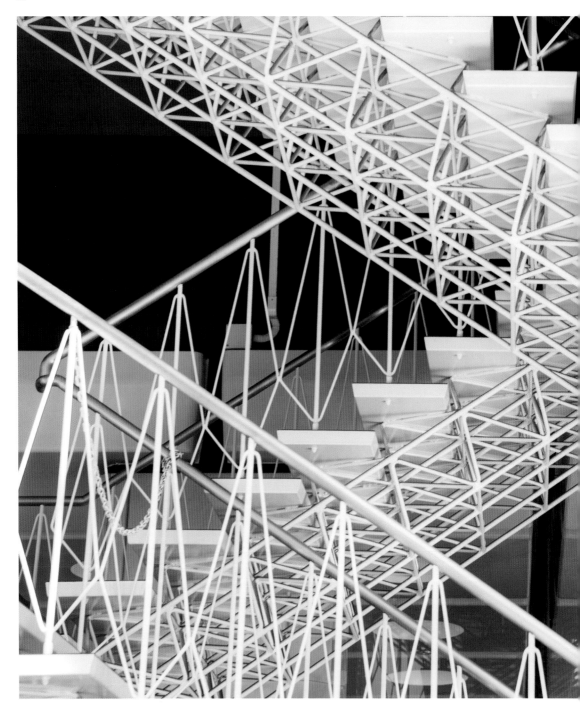

1
청결한 백색 천장과
분수, 그리고
섬세한 계단의
조합은 야쿠르트
기업의 이미지를
대변한다.
2
가는 철제 봉으로
삼각형 트러스
구조물을 만들었다.
3
불의의 재난 상황을
대비해 두 개의
계단을 맞물리게
설계해 순조로운
피난을 유도하도록
설계했다. 일명
X자 계단이다.

5

4
본사 입구와는
별도로 설치된
2층 야쿠르트
홀로 이어지는
계단. 완만한
경사와 레드카펫이
특징적이다.
5
계단 상단에
매달린 거대한
육면체 조명.
거울을 활용한
간접 조명으로,
반짝이는 공들이
다닥다닥 붙어 있는
것처럼 보인다.

야쿠르트 본사 빌딩
1972년 건축.
철골철근 콘크리트
구조이며 지상 14층,
지하 4층 규모다.
엔도 건축 설계사무소
(엔도 마사요시)가
설계했다.
도쿄도 미나토구
히가시신바시
1—1—19

다
이
마
루
백
화
점
신
사
이
바
시
점
본
관

7

다이마루 백화점
신사이바시 점 본관

신사이바시스지(心斎橋筋)는
에도시대(1603—1867)
부터 오사카 유일의
쇼핑거리로 번성해왔다.
특히 다이오사카(大大阪)
시대에는 모던한 상품이
쇼윈도를 장식했으며
최첨단 유행 발신지 역할을
톡톡히 했다고 한다.
그런 곳에 세워진 것이
다이마루 백화점이다.
건축가 윌리엄 메렐 보리스
(William Merrell Vories,
1880—1964)가 손댄 몇
안 되는 상업시설 중 하나인
이 건축물은 일본을
대표하는 아르데코 건축으로
알려져 있다. 아르데코 건축
스타일은 20세기 초에
유럽에서 폭넓게 유행한
상업 디자인이다. 뉴욕의
엠파이어스테이트 빌딩과
크라이슬러 빌딩도 이
같은 양식의 디자인으로
유명하다. 윌리엄 메렐
보리스는 외관뿐만 아니라
인테리어도 기하학적인 별
모양을 겹쳐서 화려하게
장식했다. 일반적으로 상업
건축은 리모델링할 때 건물
디자인이 확 바뀌기 때문에
준공 당시 모습이 거의 남아
있지 않은 경우가 많지만,
다이마루는 1층 천장과
저층부 엘리베이터 홀,
그리고 메자닌(mezzanine)
이라고 부르는 1층과 2층
사이의 중간층에 오리지널
디자인이 살아 있다.

네 번의 증축을 거쳐 완성한
다이마루 신사이바시
점에는 건물 곳곳에 계단이
설치되어 있다. 모두
아름답지만 특히 중앙에
설치한 계단은 대리석을
넉넉히 사용하여 중후한
느낌을 전하면서 화려함과
친근감을 발산한다.
북서쪽 귀퉁이, 즉 탑
부분에 만든 계단은 평소
거의 이용하지 않지만 계단
뒤쪽 장식이나 조명기구
등이 볼만하다. 오사카의
오래된 백화점들을 잇달아
리모델링하는 가운데 이
건물은 도시문화가 번성하던
시기에 오사카가 얼마나
모던하고 세련되었는지
전해주는 귀중한 존재다.
신사이바시의 다이마루
백화점을 방문한다면 쇼핑
중간에 공간으로 시선을
돌려 건물의 아름다움을
체험해볼 가치가 충분하다.

1

1
인조 보석에 박힌
조명이 잘 닦인
검은 계단 난간에
반사된다.
2
육중한 백화점
중앙 메인 계단은
양쪽에서 접근할 수
있다. 흑백 대비가
아름답다.

3
북서쪽 모퉁이
계단은 기하학적인
모양과 층마다 다른
조명 디자인이
볼거리다.
4
메인 계단은
위층으로 가면
심플하지만
둥글게 모양을 낸
디자인이 친근한
인상을 준다.

5

5
북서쪽에 마련된
탑 부분 계단 앞.
중앙의
엘리베이터를
에워싸듯 올라간다.
6
다이마루
신사이바시 점에는
메자닌 등 계단
이외에도 흥미로운
볼거리가 많다.

6

다이마루
신사이바시 점 본관.
1922년(1기) —
1933년(4기) 기간 동안
건축되었다.
철근 콘크리트이며
지상 7층(나중에 8층
증축), 지하 2층 규모다.
보리스 건축사무소
(윌리엄 메렐 보리스)가
설계했다.
오사카부 오사카시
주오구 신사이바시스지
1—7—1

아테네 프랑세

아테네 프랑세(Athénée
Français)는 1913년에 창립한
외국어 학교로 프랑스어를
중심으로 교육한다.
1962년에 세워진 이 건물은
이곳의 졸업생이기도 한
건축가 요시자카 다카마사
(吉阪隆正)가 설계했다.
준공 이후 4층과 탑을
증축하여 강당이 생겼고
지금은 공개강좌나
어학학습에 관한 영화
상영도 진행하고 있다.
계단을 비롯한 공간 설계와
내부장식에서 건축가의
유머 감각을 느낄 수 있는데
벽이나 천장 등 구조라인을
미세하게 사선으로 틀거나
천장의 높낮이를 다르게
해서 마치 그림책 속에
있는 듯한 즐거움을
준다. 자유롭고 유쾌하며
미의식이 높은 프랑스적인
분위기를 한껏 살려 이곳을
찾는 사람들의 기분마저
고양시킨다.

세
랑
프
네
테
아

8

1
탑으로 향하는
계단. 금방이라도
살아 움직일 듯한
목제 난간과
난간동자는 언뜻
보면 대충 설계한
듯하지만 균형이
잘 잡혀 있다.
그림을 걸어놓은
안쪽 벽과 층계참
바닥 사이를 한 단
높여 벽에 걸린
그림을 강조했다.

1

2

3

4

2
본관 계단에는
L자형 단면의
독특한 나무 난간을
설치했다. 잘린
단면을 그대로
보여줌으로써
공간에 악센트를
주고 있다.
3
층계 단수 표시는
건축가가 직접
디자인한 것이다.
발밑에 새겨져
있지만 강한
존재감을 드러낼
만큼 특별한 개성이
느껴진다.

4
불필요한 장식은
빼고 모르타르로
계단 지지대를
마무리해서
단순미를 살렸다.
하얀 공간에
두드러지는 매트한
질감이 훌륭하다.

5
순백의 벽과
차분한 모르타르
바닥으로 마무리한
단순하면서도
모던한 공간.
6
탑 계단의 가장
높은 부분. 백색의
정숙한 공간이
톱라이트 빛을 받아
교회처럼 신성한
분위기가 풍긴다.
뻥 뚫린 부분의
난간은 활처럼
굽어서 경쾌함이
느껴진다.

6

아테네 프랑세.
1962년 건축.
철근 콘크리트
구조이며 지상 4층,
지하 2층 규모다.
요시자카 다카마사
+U연구실이 설계했다.
도쿄도 치요다구
간다스루가다이
2—11

야
마
모
토
진
상
점

야마모토진 상점

예부터 섬유 관련 가게가
즐비한 교토(京都)
무로마치에 본사가 있는
야마모토진(山本仁) 상점.
1987년까지는 부뚜막과
창고가 있는 전통적인
교토 상인용 건물이었다.
에도시대 교토에서는 건물의
정면 폭이 얼마나 넓은지에
따라 세금을 정했다. 그런
까닭에 주변에는 이른바
'장어 침대'라고 부르는
길고 가느다란 가게들이
늘어섰는데, 현재의
야마모토진 상점은 사업
확장에 따라 옛 건물을
리모델링한 것이다.

9

착공 무렵 무로마치
일대에도 옛 형식의
건물을 현대식 빌딩이나
아파트로 개축하는
상점이 늘기 시작했다.
염원하던 본사 빌딩을
건설할 즈음 야마모토
아키히코(山本彰彦) 사장은
평소 교류하던 아쓰지
(阿閉) 설계사무소에
근대적이면서도 교토만의
특징을 살린 빌딩
설계를 의뢰했다. 아쓰지
설계사무소는 기온 축제 때
여섯 폭의 대형 병풍 장식을
전시할 수 있도록 건물 입구
공간을 넓게 확보하고 모두
대리석으로 연출해 화려함을
살렸다. 한편, 당시로서는
대단히 획기적인 시도를
하기도 했는데, 교토에는
간판을 두드러지게 내거는
대신 각 상점마다 입구에
포렴(일본 술집이나
상점 입구에 간판처럼
늘어뜨린 천)을 다는 문화가
뿌리내리고 있었다. 하지만
건물을 설계하면서 오가는
사람들이 진열한 상품을
볼 수 있게 쇼윈도를 설치한
것이다.

빌딩 설계 당시 가장
공을 들인 곳은 계단이다.
영화「바람과 함께
사라지다」의 여주인공
스칼렛 오하라가 밟고
내려올 것만 같은 우아한
계단을 만드는 것이
사장의 염원이었다.
그의 바람대로 나선형
계단은 건물의 첫인상을
결정짓는 입구에서 단연
돋보이는 존재로 남아
있다. 천창에서 쏟아지는
자연광이 더해져 이곳을
찾는 손님들도 마치 영화
속 주인공이 된 듯한
기분에 빠지게 한다.

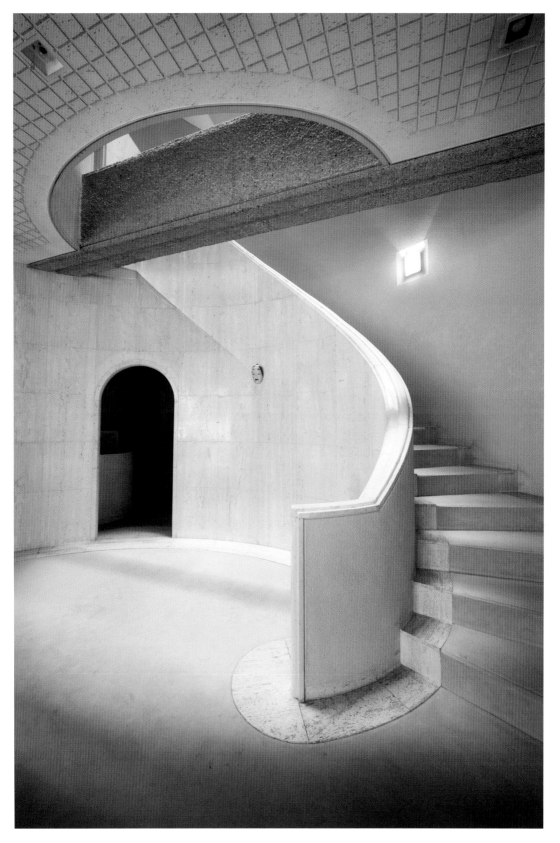

3

1
사장의 바람이
담긴 입구의 나선형
계단이 손님을
맞이한다.
2
2층 플로어에서
보면 계단이
S자처럼 보인다.

3
안전을 위해 설치한
최상층의 난간도
아름다운 곡선을
그린다.

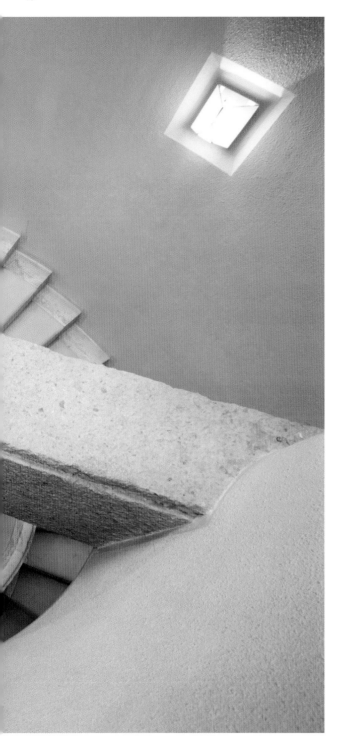

4
머리 위를
지나는 커다란
콘크리트 대들보는
건물의 중후함을
육중하게 연출한다.

야마모토진 상점.
1987년 건축.
철근 콘크리트 구조이며
지상 3층 규모다.
아쓰지 건축
설계사무소가 설계했다.
교토부 교토시
주오구 무로마치도리
고이야마초 529

1 0

G
R
O
W
기
타
효
빌
딩

GROW 기타효 빌딩

오사카에 있는 나카노시마
(中之島)의 도사보리가와
(土佐堀川) 강에 면한
오피스 빌딩이다. 최근 몇
년 사이 그곳에 디자인
사무소와 설계사무소가
속속 입주하면서 밤이 되면
하얀 형광등 불빛 대신
은은한 빛과 건물의 옥외
설비가 묘하게 어우러지며
멋진 광경을 연출한다.
이곳의 계단에 반해 입주를
결정했다는 어느 입주자의
말에서도 알 수 있듯이
이 건물의 계단은 특별한
매력을 내뿜는다.

1
철골 버팀기둥에
콘크리트 발판을
하나씩 설치한
스트립 계단이다.
은은한 진갈색
타일을 배경으로
버선코처럼 둥글게
말려 올라간
단면이 인상적이다.
거칠지만 세월이
느껴지는
목제 난간의
존재감도 좋다.

2

3

2
더 강한 라이트를
투사시켜 틈 사이로
퍼지는 빛을
즐기고 싶지만,
약한 불빛만으로도
개성적인 음영이
만들어진다.
3
위층으로 올라가면
자연광은
들어오지 않지만
광택나는 도료로
하얗게 칠한 계단
뒷부분이 공간을
밝게 만든다.

GROW 기타효 빌딩.
1964년 건축.
철골철근
콘크리트 구조이며
지상 10층,
지하 2층 규모다.
오바야시 구미가
설계했다.
오사카부 오사카시
주오구 기타효히가시
1—29

면업 회관

번성했던 상업도시 오사카의
면면을 후세에 전해주는
역할을 하고 있는 면업(綿業)
회관은 근대 오사카의
기간산업이었던 섬유업계가
모인 단체의 회관으로
1931년에 지어졌다.
현존하는 단체가 세운
이 회관은 중요 문화재로
지정되었다. 본관에 투입된
건설비만 해도 같은 해에
재건된 오사카 성 천수각
세 채분에 해당할 정도라고
하니 당시 섬유업계가
얼마나 대단했는지 짐작할
수 있다. 본관 설계자인
와타나베 세쓰(渡辺節)는
세계 각국의 디자인 양식을
접목시켰는데, 중앙 홀은
이탈리아 르네상스 양식을,
담화실은 재커비언 양식
(17세기 초 영국 제임스1세
시대의 고딕 양식), 귀빈실은
퀸 앤 양식(18세기 초 영국
앤 여왕 시대의 건축 양식)
으로 설계했다. 방마다
이렇게 다른 디자인을
선보인 것은 이곳을
이용하는 회원들이 각자의
취향대로 방을 선택할 수
있게끔 배려한 것이라고
한다. 계단 디자인도
이채롭다. 와타나베 세쓰는
간사이 대학에 많은 건물을
설계한 건축가 무라노
토고의 스승으로 알려져
있는데, 무라노 자신도 면업
회관 설계에 관여했다. 특히
지하 식당으로 내려가는
목제 모던 스타일의 나선형
계단을 보면 한눈에 훗날
무라노 건축과의 유사성을
발견할 수 있을 것이다.
자료로 확인한 건 아니지만
식당을 포함해 건물 지하는
무라노가 디자인하지
않았을까.

1 1

면
업
회
관

1
무대장치를 연상케
하는 중앙 계단.
중간 층계참에서
길게 뻗은 복도를
따라가면 1962년에
세운 신관으로
연결된다.

3

2
회관을 방문하는
사람들을
맞이하는 홀.
좌우대칭 공간
중앙에는 단체에
자신의 재산을
기부한 오카 쓰네오
(岡常夫)의 동상이
있다. 공간 전체가
이탈리아산
천연 대리석
트래버틴으로
만들어졌다.

3
2층 담화실에
설치된 계단.
디딤판의 한쪽
면은 벽에 붙여
설계했다. 철제
난간의 화려한
장식이 시선을 사로
잡는다.

4
재커비언
양식의 실내에
생동감을 더해주는
계단이다. 전에는
발코니 안쪽에
도서실이 있었다.

6

5
세련되면서도
모던하고 경쾌한
디자인은 훗날
무라노 토고의
작품과 통하는
면이 있다.
6
난간에 등나무를
엮어서 장식하거나
난간 끝부분을
살짝 비튼 것 등이
무라노의 흔적처럼
보인다.
7
지하 식당으로
이어지는 목제
나선형 계단.
부채처럼 펼친
카드를 연상케
하는 계단 발판.

8

9

8
신관 계단은 본관에
비해 산뜻하지만
기능에만 치중하지
않은 와타나베
세쓰 사무소만의
디자인 철학을 엿볼
수 있다.

9
주로 직원이
사용하는 뒤쪽
계단. 역시 간소한
만듦새지만 독특한
분위기를 자아낸다.

10
미국 뉴욕의 어느
빌딩에나 있을 법한
철제 비상계단.
지상으로 내려가는
부분은 평소에는
위로 올려 둔다.

10

면업 회관.
본관은 1931년,
신관은 1962년
건축되었다.
철골철근 콘크리트
구조이며 지상 7층,
지하1층 규모다.
와타나베 세쓰
건축사무소(본관),
와타나베 건축사무소
(신관)가 설계했다.
오사카부 오사카시
주오구 빈고초
2—5—8

추산렌 빌딩
큰길에서 조금 들어간
이면도로에 불쑥 솟아 있는
추산렌(中産連) 빌딩은
저마다 느낌이 다른 녹색
계열 타일로 전신을 둘렀다.
들쑥날쑥 배치한 창문과
처마 끝을 날렵하게 올려
마무리한 옥상 지붕 등
건축에 무관심한 사람도
가던 길을 멈출 만큼 탁월한
존재감을 드러낸다. 빌딩
내부에서 가장 상징적인
메인 계단은 소재부터 형태,
세부 마감까지 세심하게
설계되어 어디에서 바라보든
다양한 표정을 감상할 수
있다. 설립 당시부터 지금에
이르기까지 빌딩 이용객들의
각별한 애정에 답하듯
멋진 자태를 뽐내고 있는
계단이다.

1 2

추
　산
　　렌
　　　빌
　　　　딩

2

1
유려한 곡선으로
꺾여 계단과
계단을 이어주는
나무 난간. 위층은
바닥에 카펫이
깔려 있어 차분한
인상을 준다.

2
건물을 대표하는
메인 계단.
정문을 열고
들어서면 눈앞에
당당하면서도
푸근한 자태로
방문객을 맞이한다.

3
밑에서 올려다본
모습. 자세히
보면 단에 맞춰
콘크리트를 깎아
생동감 있는 음영
효과로 입체감을
살렸다.

4
2층에서 3층으로
가는 층계참
공간은 마치 공중에
떠 있는 듯하다.
지금은 난간
주위에 안전바와
안쪽 흡연실을 위한
벽이 설치되었지만
예전에는 어떤
장애물도 없이
계단 둘레를 한
바퀴 휘익 돌아볼
수 있었다.

5
직선 라인이 아주
매력적인 계단이다.
콘크리트를 깎아서
만들었는데 보는
각도에 따라
미세하게 변화하며
일렁이는 빛의
그림자도 관람
포인트.

5

6
호쾌하게
구부러졌다.
중량도 상당하고
천연소재로
만들어서 세월이
지남에 따라
약간씩 변형이
일어나고 있지만
계속 보수하면서
사용하고 있다.

7
계단 디딤판에
마감재로 사용한
코발트 블루색의
비닐타일은
특별 주문 제작된
것으로 똑같은 색을
구하는 것이 어려워
유지보수가 상당히
까다롭다. 지하에
깔린 오렌지색
타일과의 대비도
아름답다.

6

7

추산렌 빌딩.
1963년 건축.
철근 콘크리트
구조이며 지상 4층,
지하 1층 규모다.
사카구라 준조
건축연구소가 설계했다.
아이치현 나고야시
히가시구 시라카베
3—12—13

구라요시 시청

20세기 일본을 대표하는
건축가 단게 켄조
(丹下健三, 1913—2005)
의 초기 작품 중 하나다.
구라요시 시청사는 단게
켄조가 그의 스승이자
구라요시 출신 건축가인
기시다 히데토
(岸田日出刀)와 함께
설계한 지방도시 청사다.
기둥과 대들보, 처마를
강조하는 일본 전통 건축의
아름다움을 콘크리트로
재현했으며, 이러한
디자인은 구라요시 시청사
완공 후 이듬해에 지은
가가와 현청사에서도
볼 수 있다. 가가와
현청사는 단게 켄조의
초기 걸작이라고 불린다.
넓은 지붕 아래 광장처럼
탁 트인 공간 중앙에 놓인
단단한 콘크리트 계단은
이 건축물의 상징이다.
등록유형문화재이지만
외관에 지진을 대비해
철골로 거칠게 보강한
흔적이 보이는 점이
안타깝다.

구 라 요 시 시 청

1 3

세이토쿠 초등학교

구라요시 시청사 서편에
있는 구라요시 시립
세이토쿠 초등학교는
1873년에 개교한 유서
깊은 초등학교다. 교실을
일직선상에 놓고 발코니와
복도를 배치한 20세기
중엽의 전형적인 콘크리트
건물로 그 특유의 서늘한
분위기가 의외로 보는
사람의 마음을 고양시킨다.
계단을 바깥도로와
마주하도록 일직선으로
설치하고 공용 부분을
넉넉하게 사용하도록
한 것이 특징이다. 커다란
창가에 면한 계단은
탁 트인 시야를 제공하고
창밖에서 쏟아져 들어오는
빛이 공간을 밝힌다.
건물 밖에서도 당당하고
육중한 계단 단면을
볼 수 있다.

세 이 토 쿠 초 등 학 교

구라요시 시청

1
벽 대신 난간만
설치해 개방감을
살린 계단. 휴먼
스케일을 뛰어넘은
굵고 투박한
모양의 난간이
매우 인상적이다.
개방감과는
대조적으로 계단 끝
회랑으로 이어지는
공간은 낮은 천장과
튀어나온 처마를
강조해 일본적인
공간으로 재현했다.
2
계단 뒤편에는 둥근
기둥이 층계참을
떠받친다. 밑으로
내려갈수록
가늘어지게
디자인한 이유는
무게 중심
때문이었을까.

구라요시 시청.
1956년 건축.
철근 콘크리트
구조이며 지상 3층,
지하 1층 규모다.
기시다 히데토 +
단게 켄조가 설계했다.
돗토리현 구라요시시
아오이초 722

106

세이토쿠 초등학교　　　　　　　　3

4

3
세이토쿠 초등학교
건물 내 계단은
학생들이
오르내리기 쉽도록
계단 폭을 넓게
만들어서 마치
무대 객석처럼
보인다. 계단을
그대로 뒤집어놓은
듯한 계단 뒷면은
치장콘크리트
버팀기둥 두 개가
지지하는 구조로
되어 있어 무척
다이내믹하다.

4
건물 외부에 설치한
계단은 디딤판의
한쪽 면을 외벽에
고정해 만들었다.
덕분에 중량감 있는
콘크리트 계단이
가볍게 떠 있는
것처럼 보인다.

구라요시 시립
세이토쿠 초등학교.
1962년 건축.
철근 콘크리트
구조이며 지상 3층
규모다.
설계자 미상.
돗토리현 구라요시시
나카노초 733

딩
빌
엔
도
쿠
쇼

쇼쿠도엔 빌딩

'야끼니꾸 레스토랑'이라는
신개념을 만든 쇼쿠도엔
(食道園) 식당. 소에몬초
(宗右衛門町) 본점과
기타신지(北新地) 점은
쌍둥이처럼 쏙 빼닮았다.
두 곳 다 오사카 만국박람회
(1970) 때 고급 음식점
디자인으로 유명세를
탔던 이쿠야마 다카시
(生山高資) 씨가 설계한
것이다. 건물을 짓는 데에
드는 엄청난 예산과 시간을
거의 그대로 받아들인
시공주의 넓은 도량에
경의를 표하고 싶다. 특히
본점에는 설계 당시의
모습이 도처에 남아 있다.

1 4

1
울퉁불퉁한
타일 벽과 그래픽
아트로 꾸민
테라초 바닥,
일본식 나무 장식
등 언뜻 보면 개성
강한 소재가
총출동한 것처럼
보이지만 바닥의
그래픽이 전체를
하나로 모아주는
구실을 한다.
(소에몬초 본점)

2

2
테라초 바닥과
대리석 벽,
스테인리스 패널
벽은 준공 당시의
것이다. 모노톤의
커다란 원이
이어지는 인상적인
바닥이 다양한
소재와 질감을
조화롭게 만든다.
(소에몬초 본점)

3
테이블이 놓인
벽에는 모자이크
타일로 맨해튼
야경을 그렸다.
독특한 후드 모양,
바닥 디자인도
인상적이다.
(소에몬초 본점)

4
화사한
스테인리스의
플랫 바를 구부린
난간동자. 우아하고
아름다우며 가벼운
실루엣은 개점
당시, 야끼니꾸의
이미지를
고급스럽고 품위
있는 식사로
바꾸었다.
가장자리를 꾸민
가느다란 테라초
라인도 경쾌하다.
(기타신지 점)

5
기발한
외관은 활기찬
번화가에서도
특히 눈에 띈다.
반복되는 형태의
모티프는 동물
뼈 혹은 고기
육(肉)자를
형상화한 듯하다.
장식성은 높지만,
그렇다고 상스러워
보이지는 않는다.

3

4

5

쇼쿠도엔
소에몬초 본점 빌딩.
1968년 건축.
철근 콘크리트
구조이며 지상 6층,
지하 1층 규모다.
이쿠미술건축디자인
연구소(이쿠야마
다카시)가 설계했다.
오사카부 오사카시
주오구 소에몬초
5—13

쇼쿠도엔
기타신지 점 빌딩.
1969년 건축.
철근 콘크리트
구조이며 지상 4층,
지하 1층 규모다.
이쿠미술건축디자인
연구소(이쿠야마
다카시)가 설계했다.
오사카부 오사카시
기타구 소네자키신지
1—6—4

팰리스사이드 빌딩

닛켄 설계사무소의 수석 건축가인 하야시 쇼지(林昌二)가 중심이 되어 지은 팰리스사이드 빌딩은 그 이름대로 일본의 궁궐(palace) 옆(side)에 있다. 전체 길이가 약 200m인 대형 오피스 건물이다. 고즈넉한 장소에 있으나 마이니치 신문사를 비롯해 복고풍 식당과 선술집, 생과일주스 판매대 등이 입주해 있어 평일에는 샐러리맨들로 붐빈다. 지금까지 유수의 건축 상을 수상했다. 1999년에는 제2차 세계대전 후에 지어진 빌딩 중 유일하게 '근대건축 20선'에 선정되었다. 건물 내부는 구역마다 디자인이 다르며 그에 따른 계단의 개성을 즐길 수 있다.

1 5

1
스테인리스 그물망 난간에 알루미늄 발판을 고정해서 만든 빼어난 솜씨의 공사 기법이다. 계단을 지탱해주는 기둥이 없어서 구조물이 공중에 떠 있는 것처럼 보인다.

팰
리
스
사
이
드
빌
딩

3

2
갖가지 음식점이
양쪽으로 늘어선
1층 중앙 복도와
지하 중앙 광장을
잇는 공간에
설치된 계단. 보통
계단보다 훨씬
과감한 예술적인
조형을 가졌다.
3
이 계단은 '꿈의
계단'이라는
별칭으로 불리며
사람들의 사랑을
받고 있다. TV
드라마의 배경으로
나온 적도 있다.

4

4
입구 정면에 설치된
계단은 천장에
빼곡하게 들어찬
조명 덕분에
실내지만 발군의
개방감을 선사한다.
폭을 넓게 하여
스케일을 강조한
계단은 바삐 오가는
사람들을 여유롭게
맞는다.

5

6

5
지하 화장실로
이어지는 계단
옆 벽에는 남녀
화장실을 구분하는
푯말이 붙어 있는데
두꺼운 벽에 커다란
구멍을 뚫어 답답할
수 있는 분위기를
한층 가볍게 하는
효과를 연출했다.

6
독특한 느낌의
나무 난간. 계단을
오르내릴 때
잡기 쉬운 형태로
가공했다.

7

7
이곳은
우주스테이션
같은 원형
엘리베이터 홀이다.
미래지향적인
공간이다.

팰리스사이드 빌딩.
1966년 건축.
철골철근 콘크리트
구조이며 지상 9층,
지하 6층 규모다.
닛켄 설계사무소의
하야시 쇼지가
설계했다.
도쿄도 치요다구
히토쓰바시
1—1—1

시바카와 빌딩
오사카 센바 지구에서
최근 새롭게 각광을 받다가
어느새 명소로 자리를
잡은 시바카와(芝川) 빌딩.
근대건축 중에서도 대단히
훌륭한 건축물로 손꼽힌다.
'마야 잉카' 문명을 디자인
모티프로 삼았다는데,
농후한 분위기와 시너지
효과를 낳은 듯 입주자들
역시 개성 만점이라는
소문이다.

1 6

시
　바
　　카
　　　와

　　　　빌
　　　　　딩

2

1
난간이 특히
아름다운 메인
계단. 소용돌이치는
형상을 새긴
신비로운 문양이
시대를 뛰어넘는
듯한 감정을
선사한다.
2
별을 새긴 최상층
난간 버팀목.
계단 자체는
단순한 콘크리트
재질이지만
미술품 같은
장식 하나하나를
세심하게
디자인했다.

3

4

3
건물 뒤편에 있는
직원용 계단.
빌딩 전체를 호화
여객선이라고
한다면 메인 계단은
손님용, 뒤쪽은
선원이 바삐 오가는
계단이라고 하겠다.
튼튼한 것이 유일한
사명이라는 듯
투박하고 강건한
모양새다.
4
계단 뒤쪽은 철판과
굵은 못으로만
이루어진 세계다.
존재감 강한 건물
안에서 묵묵히
자신의 위치에
고정되어 있는
못에서 고요함이
전해져온다.

5

6

5
덱플레이트의 닳은
부분을 보면 90년
이라는 세월이
느껴진다. 닳아가는
모양새에 역사를
담을 수 있는
대표적인 소재가
철이다.
6
메인 계단에 비해
난간도 부드러운
나무로 만들어져서
손이 닿을 때
감촉이 좋다.

시바카와 빌딩.
1927년 건축.
철근 콘크리트
구조이며 지상 4층,
지하 1층 규모다.
기본 계획 및 구조
설계는 시부타니 고로,
디자인 설계는 혼마
오토히코가 맡았다.
오사카부 오사카시
주오구 후시미초
3—3—3

야마토 인터내셔널
오사카 본사

야마토 인터내셔널 오사카
본사. 크림색으로 도색한
깔끔한 외관은 북적이는
오사카 오피스 거리에서도
정갈하고 기품 있는 인상을
준다. 1층 홀에서 올려다보면
최상층을 향해 곧게 뻗은
나선형 계단에 압도된다.
화려하다기보다 차분한
느낌이어서 볼 때마다
그 아름다움에 빠져든다.

１７

사
　　본
　　카
　사
오
　널
셔
내
터
인
토
마
야

1
맑은 강물이
흘러가는 듯한
유연한 곡선의
나선형 계단. 커브
벽면을 따라 계단이
우아하게 흐르는
모습을 보면 경탄의
한숨이 나온다.
공간 전체의 색감을
절제하여 섬세한
커브가 더욱
도드라진다.

3

129

2
계단 뒷면의
나선 안쪽을 살짝
다듬어 깎아
단차를 줌으로써
올려다봤을 때
더욱 박력이
느껴진다. 뒷면을
밝히는 조명은
어렴풋한 그림자를
만들며, 커브를
그리는 벽면이
계단을 부드럽게
감싼다.
3
오선지 같은 평행선
난간과 음표처럼
보이는 계단 커브는
리드미컬하며
힘차다. 또한
사람들의 시선을
가장 많이 받는
1층 부분은 벽면에
돌 조각을 붙여서
중후한 표정을
자아낸다. 1층과
2층 플로어가
어떻게 다른지
비교해 보는 것도
즐거움 중 하나다.

4

5

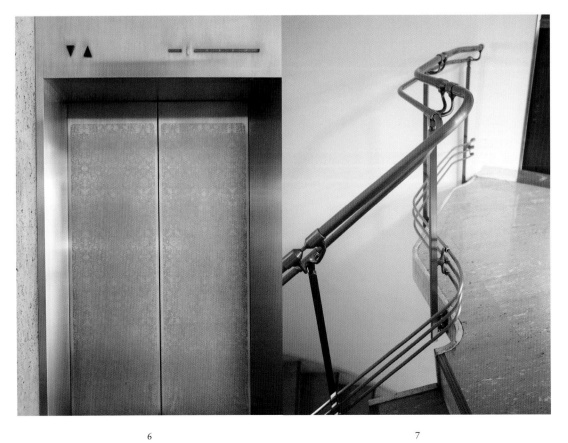

6

7

4
실버톤으로 만든
층수 표시. 길고
늘씬한 서체가
계단 분위기와도 잘
어울린다.

5
가까이 다가가서
보면 평행하는
두 줄의 난간
접합부분에
아기자기한 세공이
눈에 띈다. 자칫
단조로워 보일
수 있는 난간에
포인트를 주었다.

6
계단 옆 엘리베이터.
매정해 보일 만큼
단순명쾌한 층수
표시와 절묘한
배치 밸런스에도
주목해보자.
스테인리스 문에다
식물 무늬를 새겨서
클래식한 느낌을
주고 있으며
계단과도
잘 어울린다.

7
엿가락을 늘이듯
자유자재로 모양을
만들어낸 최상층은
바닥의 복잡한
라인에 맞춰
구불구불 커브를
그린다.

야마토 인터내셔널
오사카 본사.
1968년 건축.
철근 콘크리트
구조이며 지상 6층,
지하 1층 규모다.
산자 건축사무소가
설계했다.
오사카부 오사카시
주오구 바쿠로초
2—3—9

조
노
빌
딩

1 8

조노 빌딩
건물주 이름을 딴 빌딩답게
애정과 보살핌을 받는
조노(城野) 빌딩.
늘 구석구석 청소하며,
수리할 때는 재료
하나하나에도 신경을 쓰는
등 입주자와의 소통을
게을리하지 않는 건물주의
관리 노력이 빛을 발하는
곳이다. 면적이 한정된
공간에 스트립 계단을
설치해 개방성을 살렸다.
챌판이 없는 계단 사이로
바람과 빛이 스며든다.

1
계단을 지탱하는
콘크리트 표면의
얼룩과 손때 묻은
우편함의 철 질감이
잘 어우러진다.
2
한낮에는 빛이
입구 안까지
들어와 계단과
벽에 그림자를
만든다. 시간대에
따라 계단의 표정이
다르다.

2

조노 빌딩.
1967년 건축.
철근 콘크리트
구조이며 지상 4층이다.
고요건설이 설계했다.
오사카부 오사카시
기타구 만자이초
3—41

도쿄문화회관

도쿄 개도(開都) 500년
사업으로 세워진
도쿄문화회관이 어느덧
50주년을 넘기며 지난
역사를 그 위엄과 품격으로
당당히 보여주고 있다.
이곳만의 음향 시설은
국내외 아티스트들의
동경 대상이다. 일상과
비일상의 경계가 희미해진
지 오래지만 한 번쯤은
옷을 갖춰 입고 자세를
바르게 한 후 음악을 들으러
가고 싶은 클래식 전당이다.

1 9

관
회
화
문
쿄
도

1
로비와 홀을 잇는
공간은 따뜻한
느낌을 주는 핑크로
칠해져 있다.
질감 없는 밋밋한
벽이지만 마치 살아
있는 생명체의
몸 안에 있는
느낌을 받는다.
2
두 종류의 바닥재
경계면에 입힌
오렌지색 테라초의
디자인이 즐겁다.

1

2

3

3
객석으로 가는
메인 계단.
곧 시작될
스테이지를
향한 기대감에
숨죽이며 자리를
찾는 사람들을
안심시키는 듯한
커다란 난간이
듬직하다.

4

4

거의 원에 가까운
완벽한 나선형 계단.
관객을 흥분시키는
빨간색은 '동맥',
연기자들을
안심시키는
파란색은 '정맥'
같다. 색깔이 품은
의도를 숨긴 채
연출된 두 계단의
존재가 이 장엄한
건축에 생동감을
준다. 빨간 나선형
계단은 레스토랑과
음악 자료실로
이어진다. 티켓이
없어도 입장할 수
있으니 반드시 한번
방문하길 바란다.

5

끝없이 연속적으로
구부러진
나무난간의 끝은
마치 싹둑 잘린
것만 같다. 하지만
자세히 보면
목귀질을 하여 단면
크기를 조금 작게
마무리했다. 손을
댄 듯 안 댄 듯한
마감처리가 계단을
더욱 아름답게 한다.

5

6

6
건물 4층에는
대, 중, 소 크기의
회의실이 있다.
알록달록하고
울퉁불퉁한 타일
벽이 매력적이다.
두 회의실에
속해 있는
동시통역실에서
회의하는 모습을
내려다볼 수 있게끔
바닥을 높였다.
그래서 이곳에만 문
앞에 계단이 있다.
7
이 작은 계단은
플로어의 카펫과
같은 카펫이 깔려
있다. 타일 벽을
아랫부분까지 잘
보여주기 위해
벽에서 조금
떨어트려 설치했다.
비밀의 입구 같아서
용무가 없어도
잠깐 올라가보고
싶어진다.

7

8   9

8
파란 나선형 계단의
옆판에는 지금까지
도쿄문화회관을
찾은 국내외
아티스트들의
낙서가 남아 있다.
정성을 담아 그린
글과 그림을 보면
이곳에 출연한
자부심과 기쁨이
느껴진다.
9
바깥에서 본
문화회관의
장엄한 이미지를
그대로 가져온
회관 내부이지만,
별처럼 불빛이
반짝이는 짙은 남색
천장이나 중간층에
있는 레스토랑의
따뜻한 분홍색
천장 등 바깥에서는
예상하지 못할
경이가 숨어 있다.

도쿄문화회관.
1961년 건축.
철골철근 콘크리트
구조이며 지상 4층,
지하 1층 규모다.
마에카와 쿠니오 건축
설계사무소가 설계했다.
도쿄도 다이토구
우에노 공원
5—45

극
장
이
세
닛

닛세이 극장

나선형 계단은 특별하다.
넓은 공간에 우아하게
자태를 뽐내는 나선형
계단은 그 존재 자체가
하나의 오브제다.
나선형 계단을 느긋하게
오르내리기만 해도 특별한
사람이 된 듯한 착각에
빠진다. 그러니 비일상적인
체험을 바라고 모이는
극장이야말로 나선형 계단이
가장 잘 어울리는 장소다.
한발한발 계단을 밟고
올라가는 동안 사람들은
따분한 일상을 벗어나 환상
공간으로 이동하는 것이다.

건축가 가운데 이러한
나선형 계단의 매력을
자유자재로 다룬 사람으로
무라노 토고를 꼽을 수
있다. 그의 대표작 중
하나인 히비야 닛세이
극장에도 나선형 계단을
여럿 두었다. 1층 홀 구석에
있는 나선형 계단은 작고
단순하지만 무라노만의
디자인 철학이 응축되어
있다고 해도 과언이
아니다. 있는 듯 없는 듯한
가느다란 스테인리스 난간,
목수들을 엄청 고생시켰을
유려한 곡선을 그리는 목제
계단옆판, 중력에서 해방된
듯한 착각을 불러일으키는
계단 시작점의 대리석
디딤판. 그리고 나무, 대리석,
금속이라는 다양한 소재의
조합도 굉장히 훌륭하다.
레드 카펫이 깔린 이 나선형
계단은 우리에게 공중을
나는 것 같은 기분을
선사한다.

2 0

1

새하얀 홀에 두
눈을 사로잡는
나선형 계단.
디딤판에 깔린 레드
카펫과 목제 옆판이
우아함을 더하는
가운데 검게 칠한
가느다란 강철봉이
위아래로 계단을
지탱하고 있다.

2

계단을 오를 때마다
기분이 고조된다.
눈앞에 보이는
발코니 난간에도
주목.

3

극장에 방문한
사람들을 객석으로
이끄는 커다란 메인
계단. 중앙 난간은
너무 섬세해서 잡기
망설여질 정도다.
일렁이는 오브제
같은 난간.

2   3

4

5

닛세이 극장
(일본생명히비야 빌딩).
1963년 건축.
철골철근 콘크리트
구조이며 지상 8층,
지하 5층 규모다.
무라노·모리
건축사무소(무라노
토고)가 설계했다.
도쿄도 치요다구
유라쿠초
1—1—1

4
계단 시작점이
바닥에서 떨어져
마치 공중에 뜬
것처럼 연출하는
것이 건축가 무라노
토고 디자인의
정석이다.

5
계단 밑에 마련된
라운지 코너.
나비처럼 생긴
앙증맞은 의자도
무라노 토고의
디자인이다.

오쿠노 빌딩

긴자(銀座) 한 모퉁이에
자리한 오쿠노(奧野)
빌딩은 1930년대 준공될
당시에는 고급아파트로
지어졌다. 스크래치 타일
외벽에 화분대를 설치한
근대적 아파트에는 많은
저명인사가 살았다고 한다.
현재는 임대 빌딩으로 쓴다.
빌딩의 매력에 이끌려 모인
사람들이 주거지였던 공간을
제각각 꾸며서 사용하는
중이다. 독특한 느낌을
지닌 이 공간은 무라카미
하루키의 원작 소설을
영화화한「노르웨이의 숲」
(2010)에도 등장했다.
건물의 오른편과 왼편을
지은 시기가 달라서
건물 가운데에 두 개의
계단이 나란히 있는 점도
이색적이다. 계단 옆에 있는
자바라식 엘리베이터는 옛것
그대로다.

오쿠노 빌딩

2 1

2   3

1
도로에 면한
좌측 건물의 계단은
기둥 사이에 끼인 듯
좁아 보인다.
2
2년 후 1934년에
세워진 우측 건물의
계단. 기둥이
없는 만큼 넓게
느껴지지만 실제
크기는 작다.
3
일본에서는 보기
드문 자바라식
엘리베이터.
층수를 표시하는
인디케이터에서도
시대가 느껴진다.

4
짙은 청록색
타일이 붙어 있는
1층 입구. 계단
난간의 굵은
나무기둥이
눈에 띈다.
5
벽과 창문을
사이에 두고
두 개의 계단이
어깨를 나란히 하고
있는 모습이 기묘한
풍경을 자아낸다.
증축 전에는 외벽
창이었을 것이다.

오쿠노 빌딩.
1932년 건축,
1934년 증축.
철근 콘크리트
구조이며 지상 7층,
지하 1층 규모다.
가와모토 료이치가
설계했다.
도쿄도 주오구 긴자
1—9—8

4

5

유지공업회관 빌딩

저명한 건축가나
설계사무소의 유명 작품이
아닌, 거리의 수많은
건물들 사이에서 아름다운
계단을 발견할 때만큼
기쁜 일이 또 있을까.
도쿄 니혼바시(日本橋)의
쇼와도리(昭和通)에
위치한 유지공업회관
(油脂工業會館)도 그중
하나다. 계단은 빌딩의
얼굴 같은 존재이며
건축가가 실력을 발휘하는
공간이기도 하기에 의외로
이런 우연한 만남도 적지
않다. 유지공업회관 빌딩은
유지업계의 발전을 목적으로
1948년 설립된 재단이
1963년에 세운 건물이다.
당시 각 업계 단체가 모여서
'회관'을 세우는, 이른바 회관
건축이라는 빌딩 유형이
생겼다. 회관에는 훌륭한
회의실이나 휴게실 등을
마련했고, 업계 내의 결혼식
붐이 일어나자 결혼식장을
두는 경우도 있었다.

2 2

유
지
공
업
회
관
빌
딩

업계의 얼굴인 회관은
매력적이고 뛰어난 건축물인
경우가 많다. 훗날 금속
패널로 리노베이션 한
빌딩 외관을 보면 상상이
가지 않지만 현관으로 한
발자국 들어가면 완만한
커브를 그리는 우아한
계단이 방문객을 맞이한다.
계단은 2층에서 구부러져서
탁 트인 공간으로 빨려들
듯 올라가서 그대로
9층까지 이어진다. 방화구획
법규제가 없던 시대였기에
가능한 공간 구성이다.
그 외에 1층 마루 밑으로
파고들 듯 지하로 향하는
계단을 비롯해 건물 안에
설치된 또 다른 계단과
엘리베이터 홀이나 최상층에
위치한 결혼식장으로 쓰던
회의실 등 어느 곳이든
그 쓰임에 맞게 꼼꼼하게
설계되어서 그 시대 일본
건축의 수준이 얼마나
높았는지 전해준다.

3

1
넓은 1층 홀에는
동상을 기점으로
서로 다른 형태의
세 가지의 계단이
교차한다.
2
폭 넓은 검은색
난간이 리본처럼
곡선을 그리며
지하로 발길을
이끈다.

3
현관에서 내방객을
자연스럽게
유도하듯 계단은
완만한 커브를
그린다.
4
2층에서 3층으로
올라가는 계단.
오른쪽 난간의 세로
격자무늬가 일본의
전통 여관 같은
느낌을 준다.

4

5

5
곡면이 서로
부딪히는 복잡한
계단 뒷면의
그림자가 아름답다.
6
목제 난간의 디테일.
7
3층 이상부터는
계단 디자인이
단순해지지만
층계참의 부드러운
곡선, 공간을
가르는 검은
걸레받이, 큼지막한
나무 난간 등
세심한 부분까지
주의를 기울였다.

6

8

9

8
화려하지는 않지만
정성을 들여 만든
엘리베이터 홀.
9
과거 결혼식장이
있던 최상층 회의실.
10
두 번째 계단은
전체적으로
부드럽지만 난간에
설치된 플레이트가
발랄하고 유쾌한
인상을 준다.

유지공업회관 빌딩.
1963년 건축.
철골철근 콘크리트
구조이며 지상 9층,
지하 2층 규모다.
미쓰이건설
설계사무소가 설계했다.
도쿄도 주오구
니혼바시
3—13—11

이코마 빌딩

이코마(生駒) 빌딩은
1920년대부터 1930년대에
걸친 '다이오사카'(大大阪)
라 불리던 오사카 부흥기에
세워졌다. 당시 오사카의
힘을 느낄 수 있는 대표적인
오사카 근대건축물 중
하나다. 빌딩 앞 사카이스지
거리는 고도스지 거리가
완성될 때까지 오사카의
메인 스트리트였다.
수입 시계나 귀금속을
취급하는 본점 빌딩은
사카이스지 교차로에
세워졌다. '다이오사카'
시대라고는 하지만 여전히
2층짜리 목조 건물이
즐비하던 시절, 노른자
땅에 세워진 5층짜리 철근
콘크리트 건물은 감탄의
대상이었다. 시계상답게
옥상에는 삼 면에 대형
시계판을 설치해 거리를
지나는 사람들에게
시간을 알려주는 역할도
했다. 상업시설인 이코마
빌딩은 중남미 고대문명을
모티프로 한 아르데코
풍으로 꾸며졌다. 설계자인
소 효조(宗平蔵)는 당시
간사이 지방에서 존경받던
건축가였는데 실제 설계는
젊은 스태프가 담당해
새로운 감성이 묻어난다.

이
코
마
빌
딩

2 3

외벽의 갈색 타일은 당시
유행한 빗살무늬 타일이다.
고급 상품을 다루는 점포답게
인테리어는 대형백화점에
지지 않을 만큼 호화롭다.
쇼케이스가 진열되어 있는
아랫층 계단은 이탈리아산
대리석을 아낌없이 사용해
만들었다. 지금은 1층에
도어맨이 상주하는 고급
오피스로 탈바꿈했지만
입주자나 내방객 대부분이
엘리베이터보다 계단을
선호하는 것을 보면 이곳의
계단이 특별하긴 한가 보다.
화려한 메인 계단에 비해
건물 뒤편의 직원 전용
계단은 작고 단순하다.
평면 부지에 여유가 없어
최소한의 공간에 계단
크기를 맞추었다. 입체적으로
올라가는 계단 뒷면을
미장으로 마무리해 우아하고
아름다운 곡선을 그린다.

1
레드 카펫이 깔린
계단 양 옆에
대리석 기둥이
위엄있게 서
있다. 그리 크지
않은 계단이지만
호화로운 분위기를
자아낸다.

2   3

2
계단이 꺾이는
부분이 마치
엿가락이 휘어지듯
매끈하고 유연한
곡선을 그린다.
물론 이는 대리석을
휜 것이 아니고
조각을 하듯
섬세하게 깎아낸
결과다. 벽에
설치된 조명기구는
당시의 오리지널
디자인이다.
3
ㅁ자로 돌며
올라가는 메인 계단.
위로 올라갈수록
계단 마감도
단순해진다.

4
직원 전용인 뒤쪽
계단은 호화롭지는
않지만 나름의
아름다움을
간직하고 있다.
미장공이 신중하게
마무리한 계단
뒷면이 조명 빛으로
하얗게 반짝인다.

이코마 빌딩.
1930년 건축.
철근 콘크리트
구조이며 지상 5층,
지하 1층 규모다.
소 건축사무소
(소 효조)가 설계했다.
오사카부 오사카시
주오구 히라노마치
2—2—12

뉴
　　신
　　　바
　　　　시
　　　　　빌
　　　　　　딩

２ ４

뉴 신바시 빌딩
텔레비전 와이드쇼 같은
데서 중년 샐러리맨을
인터뷰할 때면 열에 아홉은
신바시 역 앞에 있는
이 빌딩이 배경으로
등장한다. 자세히 보면 조금
독특한 외관인 뉴 신바시
(New 新橋) 빌딩은 1971년
일본에 재개발 붐이 불던
시기 초창기에 지어졌다.
제2차 세계대전 후
신바시에는 암시장이
광범위하게 퍼졌다.
다닥다닥 붙어 화재의
위험성이 있던 시장의 목조
가건물을 정리해 토지를
효과적으로 활용하고자
계획된 것이 이 빌딩이다.
저층부 외관을 뒤덮는
나뭇결무늬 같은 디자인은
조립 콘크리트라는
새로운 기술을 이용했다.
피보나치수열이라는
수학적 규칙에 따라 일정한
간격으로 배열되었다.
전후 도시 개발의 흐름
속에서 저층부 옥상에
모노레일의 새 역을
만들려는 계획도 있었다고
전해진다. 내부로 들어가면
서민적인 점포가 즐비한
넓은 층이 보인다. 그 때문에
계단도 많다. 기본적으로
모든 계단의 디자인은
같지만 이용자의 편의를
고려해 위치에 따라
벽면 타일색을 달리 했다.
그 수수한 색 조합은
60—70년대의 분위기
그 자체다.

2

1—3
저층부 각 공간에
마련된 계단은
효율적인 설계와
공사를 위하여
같은 디자인으로
통일했지만 위치에
따라 벽면 타일색이
다르다. 발판은
공장에서 만든
공업제품이다.
4
에스컬레이터 옆
벽에도 삼각형
느낌의 타일이
붙어 있다.

3

4

뉴 신바시 빌딩.
1971년 건축.
철골철근 콘크리트
구조이며 지상 11층,
지하 4층 규모다.
마쓰다 히라타
사카모토 설계사무소가
설계했다.
도쿄도 미나토구
신바시 2—16—1

신한큐 빌딩

1963년 건축기준법이 개정될 때까지 일본에서 건축 높이는 제한이 있었다. 그런 탓에 도시 고밀화가 가속화해 가는 고도 경제 성장기에 접어들자 빌딩은 옆으로 몸집을 불리기 시작한다. 당시 사람들은 그러한 거대 건물을 맘모스 빌딩이라고 불렀다. 1962년에 세워진 신한큐 빌딩 역시 오사카 역 앞 맘모스 빌딩 중 하나였다. 한큐라는 이름 앞에 새롭다는 뜻인 '신(新)'이 붙어 있는데 도로 맞은편에는 1929년에 세워진 우메다 한큐 빌딩(한큐백화점, 2010년 재건축)이 있었다. 설계자인 오가와 타다시(小川正)는 그 새로움을 알루미늄과 스테인리스라는 금속 소재로 표현했다. 고도스지(御堂筋) 길을 따라 커다란 커브를 그리는 메탈릭한 외벽이 햇빛을 받아 희미한 빛을 발한다. 신한큐 빌딩의 거대한 외벽을 배경으로 건축가 무라노 토고가 디자인한 우메다 지하상가의 환기 덕트가 서 있는 풍경이 오사카 역 앞의 당시 분위기를 보여준다.

빌딩이 거대해지면서 상하 이동시설의 주역은 계단에서 엘리베이터, 에스컬레이터로 바뀌었다. 신한큐 빌딩에도 계단은 안쪽 계단실에 있으며 입구 중앙 홀에는 에스컬레이터가 오브제처럼 놓여 있다. 그리고 상층 오피스 플로어에는 엘리베이터 아홉 대가 사람들을 운송한다. 그럼에도 신한큐 빌딩의 계단은 고민 끝에 정성껏 만들어졌음을 알 수 있다. 초고층 시대를 맞기 전, 일본 빌딩 중 가장 완성형에 가까운 존재 중 하나다.

2 5

딩
빌
큐
한
신

1
입구 중앙 홀에서 내방객을 맞이하는 에스컬레이터. 천장에는 시마다 카이의「바다 거품」이라는 작품이 걸려 있고, 에스컬레이터 아랫부분에는 사람들의 접근을 막기 위해 설치한 미니 정원이 있다. 이러한 구성은 이 시대 지어진 빌딩의 전형적인 모습이라고 할 수 있다.

2

2
준공 당시의
에스컬레이터는
난간의 투명한
부분이 곡면유리로
되어 있어 '누드
에스컬레이터'라고
불렸다. 조명을
켜면 50—60년대에
꿈꾸던 미래가
어떤 모습이었을지
짐작이 간다.

3
상업시설이 있는
저층부 계단은
층계참의 난간 폭도
넉넉하게 만들어
여유로움을 살렸다.
벽도 대리석으로
마감하여 잘 닦인
표면에 조명이
반사된다.

5　　　　　　　　　　　　　　　　6

4
계단이 답답하게
보이지 않게끔
계단옆판을
두 단으로
디자인했다.
5
빌딩 뒤편에 설치된
옥외 피난계단도
볼거리다. 지면에
닿는 계단 부분은
평소 통행에
방해가 되지 않게
위로 들려 있다.
6
계단을 올려다본
모습. 세련되게
마무리한 계단과
점포의 메탈릭한
천장의 대비가
흥미롭다.

신한큐 빌딩.
1962년 건축.
철골철근
콘크리트 구조이며
지상 12층,
지하 5층 규모다.
다케나카 공무점의
오가와 타다시가
설계했다.
오사카부 오사카시
기타구 우메다
1—12—39

신
바
시
역
앞
빌
딩
1
호
관

2 6

신바시 역 앞 빌딩 1호관
JR 신바시 역을 사이에 두고
뉴 신바시 빌딩 맞은편에
있는 신바시 역 앞 빌딩
1호관은 독특한 형태의 유리
외관이 눈을 사로잡는다.
빌딩 두 채로 이루어진
이 건물 역시 전후 부흥기
재개발 사업에 맞춰
지어졌다. 오사카 역 앞에
있는 제 1—4빌딩도 같은
경위로 건축되었다.
신바시 역 앞 빌딩 1호관은
1966년 완성되었다. 당시
가장 크게 주목받던 소재인
프로필릿글라스를 전면에
사용해 체크모양 외관을
디자인한 것은 지금 봐도
무척 매력적이다.
그에 반해 내부 계단의
디자인은 다소 밋밋하지만
난간 전체가 목제인 점은
눈여겨볼 만하다. 당시에는
빌딩의 규모가 크든 작든
난간은 대부분 나무였다.

1
이 시대의 빌딩은
입구 홀과 계단,
안내 데스크가
한 세트였다.
2
지하로 내려가는
중후한 화강석
계단에는 추상적인
조각이 새겨져
있다. 공모전에서
뽑힌 아이들의
그림이라고 한다.

1

2

3
변형된 부지에 세운
건물의 뒤틀림을
흡수하려고 했는지
삼각형으로 각도를
맞춘 계단이
인상적이다.
이 때문에 공간에
변화가 생겼다.
4
손때 묻은 목제
난간. 자세히 보면
이음새 부분에
고정을 위한
금속판이 있다.
부드러운 나뭇결은
마치 북유럽
가구 같다.
5
세월이 느껴지는
상점가는 여전히
사람들로 북적인다.

4

5

신바시 역 앞 빌딩
1호관.
1966년 건축.
철골철근 콘크리트
구조이며 지상 12층,
지하 4층 규모다.
사토 타케오
설계사무소가 설계했다.
도쿄도 미나토구 신바시
2—20—15

오
　사
　　카
　　　역
　　　　앞
　　　　　제
　　　　　　2
　　　　　　　빌
　　　　　　　　딩

오사카 역 앞 제2빌딩

1976년 준공한 오사카 역
제2빌딩은 전후 오사카 역
개발사업(제1빌딩 제4빌딩)
의 일환으로 건설되었다.
1층에 들어서면 중앙에
분수가 보이고 3층 천장까지
훤하게 뚫린 다이내믹한
공간이 기다리고 있다.
빌딩 내 분수가 내뿜는
모습에서 오사카의 번성기가
아련하게 떠오른다.
게다가 이 건물은 4층
이상이 ㅁ자로 되어 있고
톱라이트에서 빛이 들어오는
호화로운 구조다.

2 7

181

3

4

1—2
남북 어디에서든
접근 가능한
계단. 단번에 뛰어
올라가지 않고
방향을 꺾어보면
눈앞의 광경이
바뀌는 등 이동의
즐거움이 있다.
3
시원한 물줄기를
내뿜는 분수.
빌딩 안에 설치한
분수 너머로 계단이
보이는 점이
재미있다.
4
물 위에 떠 있는
듯한 공간 연출이
흥미롭다. 조명
켜진 분수가
한들한들 수면을
흔든다.

5

↑ B₁ 味のフロア   📮郵便具 →

6

5
높이와 각도를
부드러운 곡선으로
처리한 스테인리스
난간. 아크릴판도
둥글게 구부렸다.
6
계단으로
이어지는 난간
역시 스테인리스
프레임에 투명한
아크릴판을 끼워
넣어 탁 트인
시야를 확보했다.

오사카 역 앞 제2빌딩.
1976년 건축.
철골철근 콘크리트
구조이며 지상 16층,
지하 4층 규모다.
야스이 건축
설계사무소가 설계했다.
오사카부 오사카시
기타구 우메다
1—2—2

딩

빌

마

야

오

아

아오야마 빌딩

아오야마(青山) 빌딩은
과거 실업가로 활약한
노다 겐지로(野田
源次郎) 씨가 1921년에
지은 도시형 개인저택이다.
당시 유행한 스페인풍
타일 외벽에 고시엔
(甲子園) 야구장에서
나눠가지고 왔다는
담쟁이덩굴이 뒤덮여 있다.
명성에 걸맞게 내부도
호화롭다. 1층 주방에는
위층으로 요리를 운반하기
위한 리프트가 마련되어
있었고 옥상정원에서는
파티가 열렸다. 지하에는
댄스홀도 있었다. 아오야마
빌딩 계단은 개인주택답게
사람이 사용하기에 가장
편리한 크기에 맞춰져
있다. 운치 있는 나무계단과
장식적인 난간동자가
서양식 건물다운 분위기를
풍긴다. 외벽에 설치된
창문은 준공 당시 설치한
강철 새시이며 현재까지
남아 있는 오리지널
스테인드글라스는 그 시대를
대변하는 귀중한 자료다.
아오야마 빌딩은 현재
설계사무소 등이 입주한
빌딩으로 활용되고 있다.

2 8

1
현관홀을
올려다본다. 경쾌한
리듬감이 인상적인
나무계단.
2
창문 빛이 계단을
가득 비춘다.
이 공간을 중심으로
각 층의 방이
배치되어 있다.
3
아오야마 빌딩의
각처에 있는
스테인드글라스는
전부 건축 당시의
것이다.

3

아오야마 빌딩.
1921년 건축.
철근 콘크리트 구조이며
지상 3층,
지하 1층 규모다.
오바야시 구미가
설계했다.
오사카부 오사카시
주오구 후시미초
2—2—6

묘
조
지
妙
像
寺

묘조지(妙像寺)
오사카 다니마치스지
(谷町筋) 도로변에 난데없이
등장하는 정원 딸린 나선형
계단. 이 의뭉스런 건물의
정체는 놀랍게도 절(寺)
이다. 간판이 없으면 밖에서
봤을 때 건물 안에 사찰이
있으리라고는 전혀 상상조차
할 수 없다. 하지만 2층에
절이 있음으로써 소란스러운
거리와 멀어지고 차분한
공간이 된다.
평소라면 자전거 주차장으로
이용되기 쉬운 1층 공간도
아이디어에 따라서는
실외등이나 석제 수돗가를
두어 정연한 공간으로
변신할 수도 있다. 잘 손질된
정원수에 맞춘 선명한
녹색이 상쾌한 느낌을 준다.

1
2층으로 이어지는
계단을 오르면
제법 넓은 공간에
절의 본당과
주택이 이웃하고
있다. 건물 안에
범종과 기와가
있다는 사실이
언밸런스하지만
왠지 모르게
넉넉함이 전해져
온다. 그 점이
이곳의 가장 큰
매력이다.
2
고령자라도
올라가기 쉽게끔
높이는 낮고 폭은
넓게 제작했다.
이용자의 편의를
생각하며 세세한
부분까지 신경 쓴
건축가의 배려가
돋보인다.

2 9

3

3

나선형 계단은 때에
따라서는 위층이
훤히 다 보이지
않게 가림막 역할을
하기도 한다.
많은 사람과 차가
오가는 대로로부터
자연스레 건물
내부를 지켜주고
있는 것 같다.

4

향수를
불러일으키는
일본식 미니 정원.
계단 밑 활용법
중 하나이긴 한데
이곳의 방식은
상당히 독특하다.

5

완만한 곡선으로
보이지만 계단
뒷면을 살펴보면
섹시한 선을 그리며
비틀려 있다.
디딤판의 옆 단면을
초록색으로 칠한
것이 포인트다.

4

5

묘조지(妙像寺).
1964년 건축.
철근 콘크리트 구조이며
지상4층, 지하1층
규모다.
마쓰다 설계사무소가
설계했다.
오사카부 오사카시
주오구 다니마치
8—2—14

3 0

다이한신 빌딩

오사카를 대표하는 백화점 건축이라고 하면 다이마루 신사이바시 점(p.60) 같은 전쟁 전 다이오사카 시대 (1920—1930년대의 오사카 부흥기)에 세워진 화려한 건축물이 먼저 떠오른다. 실제로도 전후에 세워진 새로운 백화점 건물은 그리 많지 않다. 1940년 개장한 한신 백화점도 처음에는 한신 마트로 출발했다. 그러나 전쟁이 발발하면서 지상 4층, 지하 1층만 짓고 공사가 전면 중단되는 등 우여곡절이 많았다. 전후 경제 성장에 맞춰 증축을 반복한 결과 드디어 다이한신 빌딩은 1963년에 완성되었다. '다이한신(大阪神) 빌딩' 이라는 이름에는 족히 20년이나 걸린 완공 기간 동안 그 일에 헌신한 관계자들을 기리는 마음이 담겨 있으리라. 다이한신 빌딩은 오사카 역 앞에 우뚝 서서 장대한 존재감을 과시하고 있으나 준공 당시에는 수평으로 길게 이어지는 창문으로 이루어진 다소 밋밋한 오피스 건물이었다.

그러나 2002년 알루미늄 패널을 이용해 리모델링을 하면서 지금의 스타일리시한 모습으로 변신했다. 백화점이나 극장 등 불특정다수의 사람들이 모이는 상업시설의 계단은 재해 시 피난을 고려하여 법률로 엄격하게 그 기준을 정해 둔다. 백화점에 폭 넓은 계단이 많이 설치되어 있는 것은 그런 까닭이다. 한신 백화점 중앙에 있는 가장 큰 계단은 이른바 X자 계단이다. 두 계단을 교차시키고 층계참으로 연결하여 어느 쪽에서든 오르내릴 수 있게 했다. 상업시설 인테리어는 빈번하게 개장 공사를 하기 때문에 과거의 모습이 거의 남아 있지 않는 경우가 많은데 의외로 계단은 당시 것을 그대로 사용하는 곳도 적지 않다. 이곳 역시 완공 때 설치한 계단이 아직까지 남아 있다. 손때 묻은 나무 난간과 레드 카펫을 의식한 듯한 붉은 비닐타일이 인상적이다. 현재 다이한신 빌딩은 신한큐 빌딩(p.168)과 함께 리모델링이 계획되어 있다.

다
이
한
신
빌
딩

1

2

1
두 계단을 교차시킨
이른바 X자 계단은
연결된 층계참이
넓어서 메자닌처럼
보인다. 넓은
층계참 안쪽에 또
다른 계단이 있는
이곳의 X자 계단
구조는 언제 봐도
흥미롭다.
2
튼튼한 나무
난간과 하얀 철제
파이프의 심플한
조합이 북유럽의
모던디자인을
떠올리게 한다.

3
내구성을
고려해서인지
지하로 내려가는
계단의 난간은
스테인리스로
마무리했다.
X자 계단이 한데
모였다가 다시
한 번 좌우로
벌어지며 내방객을
아래층으로
안내한다.

다이한신 빌딩.
1963년 건축.
철골철근 콘크리트
구조이며 지상 11층,
지하 5층 규모다.
오바야시 구미가
설계했다.
오사카부 오사카시
기타구 오메다
1—13—13

타
키
야
본
사
빌
딩

타키야 본사 빌딩
전 세계 미술관에서
사용하는 와이어 액자걸이를
주력 상품으로 생산하는
회사의 본사 빌딩.
1층은 유통거점으로써
짐을 실은 자동차의 출입을
위한 커다란 지붕이
있다. 단조로운 디자인의
빌딩이지만 치장 콘크리트
차양 앞에서 스테인리스 새
장식물을 보면 역시 금속을
다루는 전문가들답다는
생각이 든다.

1
계단실 1층은
돌을 섞은
모르타르를
발랐지만 돌의
자연스러운
모양새가
드러나게끔
표면을 깎아내고
호박돌로 마감했다.
화강암과 조화를
이룬 모습이 도형을
디자인한 것 같다.
2
금속을 다루는
회사답게 바닥에
도금한 줄눈 무늬를
새겨 도처에 금속
느낌의 악센트를
췄다. 계단 난간은
목제다. 원반처럼
생긴 난간의 끝
부분은 멈춰
섰을 때 손에 딱
들어맞는다.

3 1

1

2

3

4

5

3
목제 난간 바로
아래 철제 난간을
덧대어 강도를
높이고 날렵한
느낌을 살렸다.
4
2층으로 가는
층계참에서 주차장
쪽으로 나 있는
창문의 금속 장식물.
5
베이지색 타일
벽과 빨간
엘리베이터 문.
유약 타일은
색깔 선택의
폭은 좁지만 색이
번진 모양이나
오톨도톨한
타일의 표면을
즐길 수 있다.

타키야 본사 빌딩.
1966년 건축.
철근 콘크리트
구조이며 지상 5층,
지하 1층 규모다.
기요미즈 카즈야
설계사무소가
설계했다.
오사카부 오사카시
주오구 시마노우치
1—10—12

3 2

도
코
엔

도코엔

일본 돗토리현 요나고시의
여관인 도코엔(東光園)은
건축가 기쿠타케 기요노리
(菊竹淸訓) 씨의 대표작이다.
모더니즘 건축을 상징하는
돌출된 처마의 수평선과,
수직으로 뻗은 기둥을
축으로 콘크리트 벽돌을
쌓아 올린 기발한 구조가
인상적이다. 건축가의
고민과 고뇌가 묻어나는
구조 설계가 그대로
실현되면서 아름답게
완성되었다. 본관 앞에
설계한 계단실은 전면유리로
건물의 각 층을 이어서 건물
전체가 주는 무거운 느낌을
중화시킨다. 복잡한 구조로
연결된 여관 안쪽은 일상을
벗어나 여행을 떠나온
사람들을 세심하게 배려한
흔적이 구석구석 엿보인다.

1
전면에 유리를
붙여서 탁 트인
시야를 선사하는
계단실. 자연광이
듬뿍 들어온다.
평행으로 뻗은
섬세한 난간과
바닥 단에 맞춰
자른 유리 벽면 등
계단을 중심으로 한
디자인이 흥미롭다.
2
밖에서 보면 계단
라인이 튀어나온
것처럼 보이는
독특한 디자인이
눈길을 끈다.

1

2

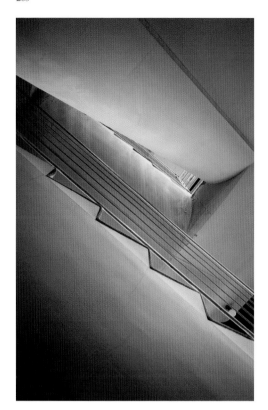

4

3—4
밑에서 올려다보면
콘크리트 재료
나름의 자유로운
형상이 펼쳐져
있다. 계단 뒷면은
매트한 질감이면서
배의 밑바닥처럼
커브를 그린다.

도코엔.
1964년 건축.
철골철근
콘크리트 구조이며
지상 7층,
지하 1층 규모다.
기쿠타케 기요노리
건축 설계사무소가
설계했다.
돗토리현 요나고시
가이케 온천
3—17—7

옛
이
와
사
키
저
택
정
원
양
옥

3 3

옛 이와사키 저택 정원 양옥
시바 료타로의 소설
『료마가 간다』의 애독자라면
"이게 야타로 아들의
집이라니!" 하고 놀랄 수밖에
없는 옛 이와사키(岩崎)
저택 정원 양옥. 그러나 사실
이곳은 미쓰비시 재벌
3세 총수의 집으로
근대 일본의 주택을
대표하는 유럽식 호화
저택이다. 르네상스 양식과
이슬람식 모티프, 콜로니얼
양식에 컨트리하우스
이미지 등 여러 디자인이
일본식 저택에 정교하게
더해졌다. 세계 주택의
역사에서도 보기 드문
건축물이라고 한다.

1
이 계단에는
버팀목이 없다.
아름다운 계단
밑에서 고개를 들어
올리면 1층과
2층의 천장을
동시에 볼 수 있다.
한눈에 다양한
디자인을 즐길
수 있는 포인트
장소다.

2
1층 메인 홀에서
2층으로 이어지는
큰 계단. 두 개씩
배치된 기둥은
남쪽 외관에
늘어선 기둥과
마찬가지로,
1층은 토스카나식,
2층은 이오니아식
으로 되어 있다.
도처에 손이 많이
간 장식을 박아
넣었는데 2층
벽면을 뚫은
반원창의 간결한
디자인과 훌륭하게
조화를 이룬다.

3
창문이 많아
빛이 충분히
들어오므로 섬세한
장식의 음영을
즐길 수 있다.

4
지하로 이어지는
나선형 계단. 비쭉
나온 반원형 마루를
낀 아름다운 커브에
빛이 쏟아지도록
창가 벽의 형태
하나에도 고심한
흔적이 보인다.

3   4

5

6

5
1층 기둥에 새긴
17세기 영국
재커비언 양식의
멋진 장식.
섬세하게 조각한
구조체가 무척
화려하다.
6
벽과 계단 부분의
경계에 두른
금빛 띠.

7
8

7
아칸서스
꽃무늬를 장식한
난간기둥은 빛을
받으면 더욱
아름다운 실루엣을
뽐낸다.
8
기하학 문양의
스테인드글라스.
빛이 약해지는
시간대에 존재감을
어김없이 드러내어
확 트인 공간에
풍부한 음영을
만들어준다.

옛 이와사키
저택 정원 양옥.
1896년 경 건축.
목조 구조이며
지상 2층,
지하 1층 규모다.
조시아 콘더가
설계했다.
도쿄도 다이토구
이케노하타
1—3—45

3 4

도쿄 사누키 클럽
돌로 만든 문을 지나면
모던한 분위기의 건물이
모습을 드러낸다. 도쿄
사누키 클럽은 이전에는
가가와(香川) 현청
협동조합이 운영했지만
지금은 누구나 이용할
수 있는 숙박시설로
탈바꿈했다. 설계자는 국립
노가쿠도(能楽堂)를 설계한
오에 히로시(大江宏).
내부에 들어서면 주문
제작한 타일이 시선을 끈다.
천장이 높은 현관 로비에는
연속한 기하학 모티프의
난간동자가 우아하게 늘어서
있어 내방객에게 향토적인
운치와 도회적인 아름다움을
동시에 선사한다.

도
쿄
사
누
키
클
럽

1
콘크리트의
중후함과 블록을
쌓은 듯한 조명의
균형이 절묘하다.
발코니 바닥에
설치된 조명도
독특하다.

2

3

4

2
아름다움과
긴장감이 조화로운
계단. 이런 특이한
디자인이 내방객의
잠들어 있던 감각을
일깨워준다.
3
특별 제작한 대형
타일로 채운 벽.
4
깎임 면이 독특한
유리 조명.

도쿄 사누키 클럽.
1972년 건축.
철골철근 콘크리트
구조이며 지상 12층,
지하 1층 규모다.
오에 히로시
건축사무소가
설계했다.
도쿄도 미나토구 산다
1—11—9

오 사 카 아 사 히 빌 딩

3 5

오사카 아사히 빌딩

오사카 아사히(朝日)
빌딩은 일단 멋있다. 1931년
완성 당시 '일본에서
가장 센세이셔널한 건물'
이라고 불렸을 만큼 모던한
디자인은 21세기가 된
지금도 전혀 그 빛이 바래지
않는다. 이 건물이 얼마나
진보적이었는지는 같은 해에
완성된 면업 회관(p.84)과
비교해 보면 일목요연하게
알 수 있다. 장식을 배제한
기하학적 디자인에 유리를
비롯해 당시에는 드물었던
금속 패널을 대담하게
사용했다. 진일보하는 신문
미디어의 정체성을 건축으로
표현한 것이리라.
계단도 모던하다. 오사카
아사히 빌딩의 주역은
건물 남측에 있는 유리로
둘러싸인 계단이다.
요즘은 넓은 유리창을
둔 계단실이 흔해졌지만
1930년대 일본에서는 대단히
앞서가는 디자인이었다.
1968년 아사히신문 빌딩이
바로 옆에 들어서면서
전망을 대부분 가려버렸지만
그 전에는 이 계단실에서
오사카 도심이 훤히 보였을
것이다. 거리에서 올려다본
오사카 아사히 빌딩의 유리
계단은 햇빛으로 반짝이며
그 모던함을 뽐낸다.

반면 계단은 의외로
클래식한 디자인으로
설계됐다. 아르데코 양식을
접목한 부분에서 역시
시대의 흔적이 느껴진다.
빌딩 옥상에 우뚝 선 탑은
과거의 항공표지 탑이다.
이 탑에서 비춘 라이트가
오사카 상공을 나는
항공기의 도표가 되었다.
사진 속 탑은 남측에 새로
지은 아사히신문 빌딩
옥상에 과거 항공표지 탑의
디자인을 복원한 것이다.
아사히신문의 상징이다.
항공표지 탑으로써의 기능은
사라졌지만 담당자가
탑 꼭대기에 회사 깃발을
걸기 위해 매일 탑 계단을
오르내린다고 한다. 한 사람
간신히 지나갈 수 있는 좁은
계단에서 유리창 너머로
거리를 바라보고 있으면
마치 상상 속의 거대한
비행기에 타고 있는 듯한
느낌이 든다.
안타깝게도 오사카 아사히
빌딩은 2013년 현재 해체
작업 중이며 2017년에
새로운 빌딩이 들어설
예정이다.

1
가볍고 투명한
유리벽과는
대조적으로 중후한
멋이 깃든
계단 골격.
2
건물 남측, 유리로
둘러싸인 계단.
계단의 조형미가
자연광을 배경으로
더욱 아름답게
빛난다.

3

3
계단과 유리벽
사이를 내려다보면
휙 빨려 들어갈
것만 같다.
테두리에서
튀어나온 봉으로
유리벽을 지탱한
것이 보인다.
1968년에 세워진
또 다른 아사히신문
빌딩의 외벽 계단과
대화를 주고받듯
바짝 붙어 있다.
4
실내에 설치된
계단. 소재는
다르지만 디자인이
닮아있다.

4

221

오사카 아사히 빌딩.
1931년 건축.
철골철근
콘크리트 구조이며
지상 10층,
지하 2층 규모다.
다케나카 공무점의
이시카와 준이치로가
설계했다.
2013년 철거.

왼쪽이 오사카 아사히
빌딩, 오른쪽이
아사히신문 빌딩.

5

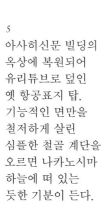

5
아사히신문 빌딩의
옥상에 복원되어
유리튜브로 덮인
옛 항공표지 탑.
기능적인 면만을
철저하게 살린
심플한 철골 계단을
오르면 나카노시마
하늘에 떠 있는
듯한 기분이 든다.

약사협회 연금회관
제약회사 관련 사원연수나
휴식 공간으로 쓰기 위해
지은 약사협회 연금회관.
안으로 한 발자국 들어서면
온통 대리석으로 꾸민
중앙 홀과 안내 데스크가
내방객을 맞이한다. 2층으로
이어지는 계단은 빛을 듬뿍
받을 수 있게 트여 있다.
바닥 곳곳에는 마치
비밀지도 같은 독특한
모양이 그려져 있으며
천장에도 거울에 반사된
것처럼 같은 모양을
그려놓았다.

3 6

1
계단의 단 차를
이용해 바닥 무늬에
입체감을 살렸다.
이런 사소한 변화도
중요한 악센트다.
2
눈에 띄지 않는
뒤쪽 계단실은
'세련된 어른들의
색'이라고 부르는
보라색으로 꾸몄다.
대들보 안쪽에
각도를 주어 한정된
빛을 잘 이용했다.

약
   사
      협
         회
            연
             금
               회
                 관

1

2

3
입구에서 이어지는
계단을 오르면
넓은 갤러리 공간이
나온다. 계단에
그려진 모양이
마치 길잡이처럼
공간으로 이끈다.

약사협회 연금회관.
1978년 건축.
철골철근 콘크리트
구조이며 지상 7층,
지하 1층 규모다.
쇼 건축 설계사무소가
설계했다.
오사카부 오사카시
주오구 다니마치
6—5—4

오사카 클럽

오사카 클럽은 회원제로
운영되는 사교장이다.
1912년 설립되어 오랜
역사를 자랑하며 지금도
그 전통을 이어오고 있다.
노신사가 평일 오후부터
바둑을 즐기기도 하고
바 카운터에서 옛정을
돈독히 하기도 한다.
오피스 거리 한복판에
있는데도 이곳만 별세계처럼
시간이 느긋하게 흘러가는
것만 같다.
첫 건물이 화재로 소실되어
1924년에 다시 지은 이
건물은 오사카를 대표하는
건축가 중 한 사람인
야스이 다케오(安井武雄)의
초기 작품으로 알려져 있다.
외관은 이탈리아의 유서
깊은 거리에서 마주할 것만
같은 분위기지만 요소요소에
야스이다운 자유분방한
디자인을 발견할 수 있어서
흥미롭다.

3 7

오사카 클럽 메인 계단은
나무로 만들어졌다.
짙은 조청 빛인 세련된
나무색을 보면 오랜 역사가
느껴지는데, 난간이나
기둥뿐만 아니라 발판도
모두 나무로 만들어 발에
닿는 감촉이 부드러우며
콘크리트 계단의 딱딱하고
차가운 느낌이 없다.
그것만으로도 충분히
훌륭하나 제법 넓은
공간을 차지한 계단에
레드 카펫까지 깔아두어
이 계단을 이용하는 사람은
누구나 특별한 사람이 된
듯한 기분에 빠지게 한다.
2층과 3층 사이에 있는
층계참에는 커다란 창문이
있다. 그곳에는 황금시대를
떠올리게 하는 노란색
유리에 스테인드글라스가
아름다움을 한층 돋보이게
하면서 저녁노을이 질
무렵이면 계단이 놓인
공간 전체가 황금빛으로
물든다. 이보다 더
좋을 수 없는 연출이다.
오사카 클럽은 회원 전용
시설이어서 원칙적으로
견학은 불가능하지만
때때로 콘서트나 강연회
등 일반인도 참가할 수
있는 모임도 개최하며
결혼식장으로도 대여가
가능하다.

오
사
카
클
럽

1
우아하고 기품이
느껴지는 오사카
클럽의 목제 계단.
해질 무렵이면
노을이 금빛 창문을
투과해 공간
전체를 황금빛으로
물들인다.
2
올려다본 계단
뒷면의 디자인이
의외로 모던하다.
하얀 벽과 어우러져
무겁거나 답답하게
느껴지지 않는다.

3
난간뿐 아니라
기둥, 디딤판 등
계단을 이루는 모든
소재가 나무다.
계단 맞은편으로
회원 전용 방이
보인다.
4
계단실의 커다란
색유리는 멋진
테라코타 창틀로
싸여 있다.

오사카 클럽.
1924년 건축.
철근 콘크리트
구조이며 지상 4층,
지하 1층 규모다.
가타오카 건축사무소의
야스이 다케오가
설계했다.
오사카부 오사카시
주오구 이마바시
4—4—11

3 8

메
　구
　　로
　　　구
　　　　종
　　　　　합
　　　　　　청
　　　　　　　사

1
계단을 따라 만든
난간과 금속
장식물, 그리고
긴장감을 주는 듯한
검은색 바닥이
공간에 생동감을
불어넣는다.
2
자를 대지 않고
스케치하는
프리핸드 스케치
기법이 고스란히
재현되어 있다.
이곳에 직선은 거의
존재하지 않는다.

메구로구 종합청사
1966년 옛 치요다(千代田)
생명보험 본사 빌딩으로
세워진 이 건물은 2003년
도쿄 메구로구에서
건물을 사들여 종합청사로
탈바꿈했다. 알루미늄 주물
소재의 연속적인 외관이
인상적인 이 건물은 무라노
토고가 설계했다. 이 건물의
매력을 언급하려면 끝이
없을 정도로 디테일이
하나하나 멋지다. 특히 남쪽
입구로 들어가면 새하얀 벽,
높은 천장, 적절히 들어오는
자연광 등 드라마틱한
공간을 체감할 수 있다.
마치 미술관 같은 입구
홀을 빠져나가면 그곳에는
보석처럼 아름다운
계단이 모습을 드러낸다.
여러 각도에서 바라보면
더욱 그 매력에 빠져드는
역동적인 계단이다.

1

2

3

4

3
밑에서 계단을
올려다보면
복잡한 곡선이
교차한다. 계단
뒷면이 그림자를
만들어내어 더욱
풍부한 표정을 짓는
듯하다.
4
원도 타원도
아니다.
딱 들어맞는
표현을 찾기
어려운 생김새를
갖고 있다. 난간도
계단도 자유로운
라인이 살아 있는
나선형 계단.

5
공장에서 만든
비닐소재의 난간도
이런 각도로 붙이면
소재의 멋이
살아난다.
6
아웃라인을 덧댄
스테인리스
계단옆판에 빛이
반사하면 독특한
곡선이 두드러진다.
7
계단을 기둥이나
벽으로 지탱하는
것이 아니라 공중에
매달리게 함으로써
산뜻한 공간을
연출했다. 이것이
바로 무라노의 건축
마술이다.

5   6

7

메구로구 종합청사.
1966년 건축.
철골철근 콘크리트
구조이며
지상 6층, 지하 3층
(본관동) 규모다.
무라노·모리
건축사무소의 무라노
토고가 설계했다.
도쿄도 메구로구
가미메구로
2—19—15

3 9

소
구
연
앙
중
舊
구
약
제
기
노
오
시

시오노기 제약 구(舊)
중앙연구소

서민적인 분위기가
물씬 풍기는 오사카의
후쿠시마 거리에 돌연
나타난 요새 같은 빌딩은
일본 건축계에서 모더니즘의
초석을 닦은 건축가 중
한 사람인 사카쿠라 준조
(坂倉準三)가 이끄는
사무소가 설계한 제약회사
연구소다. 외관을 특징짓는
차양 달린 하얀 지붕창은
사카쿠라의 스승인
근대건축의 거장
르 코르뷔지에(Le
Corbusier)에게 직접
전수받은 디자인이다.
또 외벽을 덮은 파란색
타일의 짙은 색조는
교과서에 나오는 기능주의에
구애받지 않은 차분한
분위기를 느끼게 한다.

ㄷ자 형태의 건물 중앙에
위치한 입구 홀은 천장이
높게 뚫린 공간으로
2층에 있는 세련된 응접실로
올라가는 L자형 계단이
포인트다. 하얀 공간에
파란 타일, 빨간 천장이라는
모던한 색채 구성에
밝은 색의 두꺼운 난간이
견고한 라인을 그린다.
마치 그 시대의 그래픽
포스터를 보는 듯하다.
사카쿠라 사무소가
당시 만든 건물은 모두
아름답지만 그중에서도
시오노기 중앙연구소는
가장 대표적인 작품이라고
할 수 있다. 2012년 3월
연구부서가 이전하면서
지금은 빈 건물이라는 점이
마음에 걸리지만 눈에 띄는
건축물이 적은 이 지역에서
앞으로도 랜드마크로
자리매김 해주기를 바란다.

1
ㄷ자 형태로
각진 건물 구석에
설치된 계단.
바닥의 파란
비닐시트가
산뜻하다.
2
불필요한 것은
빼고 심플함을
최대한 살린 계단의
아름다움이 파란
타일 벽을 배경으로
도드라진다.

3
확 트인 중앙 홀의
스케일과 계단
배치의 균형이
훌륭하다.
4
계단은 상하로
고정되어 있고
층계참은 공중에
떠 있는 형상을
하고 있다. 계단이
구부러지는 부분을
영어의 'r'처럼
만들었다.
5
2층에는 목제
파티션으로 나뉜
응접실이 나란히
있다. 파란 벽과
빨간 천장의 대비가
수수하면서도
모던하다.

4

5

6

6
난간은 두텁고
견고해 보이지만
색이 밝아서 무겁게
느껴지지는 않는다.
7
빌딩 곳곳에 설치된
기능적 계단도
기본적인 디자인은
중앙 홀과 같다.
난간을 지탱하는
버팀지주가 무척
가늘다.

시오노기 제약
구(舊) 중앙연구소.
1961년 건축.
철골철근 콘크리트
구조이며 지상 7층,
지하 1층 규모다.
사카쿠라 준조
건축연구소가 설계했다.
오사카부 오사카시
후쿠시마구 사기스
5—12—4

시노노메엔
오사카 도심부에서도
인기가 많은 주택가에 있는
고즈넉한 임대 아파트다.
정면 벽 옆에 있는 계단실은
밖에서는 예상하지 못할
엄숙한 분위기가 흐른다.
3열로 나란히 선 유리블록
틈으로 들어오는 부드러운
빛과 거친 벽면에
드리워지는 그림자가
만들어내는 고요함은 마치
교회를 연상시킨다.
건물 맞은편에 있는
개신교 여학교의 영향을
받은 게 아니냐는 추측도
있다. 하지만 정확한 유래는
알지 못한다. 다만 지금은
세월에 따른 상처나
먼지로 인해 비교적
저렴한 임대주택으로
존속하고 있다. 하지만
예전에는 모던하고
고급스러운 맨션이었음을
상상할 수 있다.

시
노
노
메
엔

4 0

1
건물 주인은
'할머니'일까.
할머니 댁에 있을
법한 장식품이
여럿 조심스럽게
놓여 있다.
조용히 깔끔하게
정리해놓고 사는
노부인의 모습이
떠오른다.
2
2층 창문에서
들어오는 빛 덕분에
낮에는 늘 밝다.
건물 안에서
계단이 가장 좋은
위치에 있다.
3
연어를 입에 문
곰은 거실
텔레비전이나
피아노 위에 있을
확률이 매우 높은
친숙한 존재지만
이곳에 있으니
무척 특별하게
느껴진다.

3

5

4
난간기둥 수를
극단적으로
줄이고 난간만
뻗게 해 벽이
도드라진다.
5
무채색 공간이지만
잿빛 벽의 거친
모래 질감이
온기와 다정함을
느끼게 한다.

시노노메엔.
1960년 경 건축.
철근 콘크리트
구조이며
지상 4층 규모다.
설계자는 미상이다.
오사카부 오사카시
주오구 다마쓰쿠리
2—28—23

부 록

계 단 의 구 성 과 감 상

계단의 구성과 감상

좋은 계단은 모양과
재질이 무척 다양하다.
손이 닿을 만큼 가까이 있는
계단을 자세히 들여다보면
부품 하나하나가 모두
다르다. 이번 장에서는
저마다 작품이라고 부를
만한 계단의 디테일을
모아보았다. 수없이 많은
계단을 본 후에야 비로소
목제 난간, 금속제 난간기둥,
테라초로 만든 옆판이
'계단의 정석'이라는 사실을
인정할 수밖에 없었다.
또 이처럼 아름다운 계단을
현장에서 직접 만드는
장인들을 만나 '계단
만들기의 비밀'에 대해
들어봤다.

난간

'난간'은 손이 직접 닿는
곳이다. 실제로 난간을
잡아보면 이용객의
편의성을 고려한
건축가의 고심의 흔적이
전해진다. 소재, 크기,
단면, 커브 등이 난간의
포인트이며, 난간의
아름다움이 계단의
품격을 결정짓는다.
나무를 휘어 만든 난간은
고도 경제 성장기만 해도
눈에 많이 띄었지만 지금
같은 경제 불황기에는
엄두도 못 낼 만큼
비용이 많이 든다.
시간이 흐름에 따라
색깔과 광택이 어떻게
변하는지도 중요하다.
계단을 관찰하면 할수록
궁금증은 커져간다.
이음새가 어디에 있을까?
나뭇결은 어떤 과정을
통해 변모할까?

계단에 긴장감을 주는
스테인리스 난간.
신도쿄 빌딩
p.37

희뿌연 빛을
반사시키면서 다양한
표정을 보여주는 난간.
오사카 역 앞 제2빌딩
p.178

날카로운 인상의 검은색
기둥과 은색 난간의 조합.
국제 빌딩
p.40

손바닥에 꼭 들어맞게
난간에 각도를 넣은
신도쿄 빌딩 계단.

난간 중에서는
보기 드문 매트한 질감이
특징적이며 소재의
특성을 그대로 살렸다.
신바시 역 앞 빌딩 1호관
p.174

행진하듯 규칙적으로
난간과 금속이 반복된다.
다이한신 빌딩
p.194

난간 끝을 원반 형태로
둥글고 부드럽게 처리한
타키야 본사 빌딩.
p.198

다양한 각도로
깎은 표면. 살짝 곡선을
준 부분이 포인트다.
유지공업회관 빌딩
p.152

나무를 깎아 정교한
곡선을 살린 난간의
단면에 눈이 간다.
유지공업회관 빌딩

마치 리본처럼
유연한 곡선을 그린다.
유지공업회관 빌딩

층계참 장식이
클래시컬한 분위기를
자아낸다. 오쿠노 빌딩
p.148

검은색과 은색을
결합한 독특한 패턴이
특징적이다.

자유롭고 완만하게
뻗은 난간에 햇빛이
비친다. 니시타니 빌딩.

잡기 편하도록
가운데를 잘록하게 깎아
마무리했다.

두꺼운 난간이 비틀려
올라가는 모습.
니시타니 빌딩

256

금속 장식

난간을 지탱하는
버팀기둥과 그 틈을
메우는 난간동자는
금속으로 만드는
경우가 많다. 면적이
넓은데다 사람들의 손을
타는 부분도 아니라서
디자인에 특별히 공을
들여 장식하는 경우를
종종 찾아볼 수 있다.
이와 같은 오리지널 부재
등은 상당히 호화롭다.
계단의 각도에 맞춰
비스듬하게 만들어야
하므로 정밀도도
중요하다. 고가의
난간동자는 한눈에 봐도
그 가치가 느껴지지만
직선과 원형으로
이루어진 심플한 철제
난간동자 역시 모던하고
아름답다.

버팀기둥을 휘감은
모양새가 앙증맞다.
간사이 대학
p.14

용접 기술로 비눗방울이
동동 떠다니는 듯한
디자인을 만들 수도 있다.
세이류(清流) 회관

갈색 계열의 수수한
공간에 물결치는 금속
난간동자가 인상적이다.

지나치게 귀여워 보일 수
있는 디자인에 무게감을
주는 것도 금속이 가진 매력.

S자나 U자, 원형 등과 같이
금속 디자인은 설계자가
자신의 역량을 마음껏
발휘할 수 있는 부분이다.

길모퉁이에 있는 작은
빌딩에서 이따금씩
박력 넘치는 디자인을
만나곤 한다.

난간동자를 천장까지
늘여 공간을 분리하는
역할을 하기도 한다.

창문으로 들어오는
빛을 받아 반짝인다.
쇼쿠도엔 기타신지 점 빌딩
p.108

계단 경사에 맞춘 날렵한
평행선. 모서리 부분을
살짝 굴린 것이 포인트다.

발밑 언저리에 배치된
사각형 금속 장식물이 공간
전체와의 통일감을 낳는다.
국제 빌딩
p.40

하얀 패널과의 조합.
금속 장식에서 세월의
흔적이 전해진다.

계단 뒤편까지 둥글게
휘감은 박력 넘치는 모습.

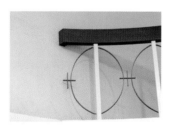

커브와 직선의 단순한
조합이 하얀 벽에 빛난다.

금속 장식물이 유리 장식
패널을 한층 돋보이게 한다.
국제 빌딩.

꽃잎처럼 부드러운
곡선을 그리는 것도
금속 장식의 매력.

투명 패널을 지탱하는
애교 있는 형상.
닛세이 극장
p.144

출렁이는 파도 같은 장식.
단추같이 생긴 벽면과
어우러져 우주 공간처럼
느껴진다. 유라쿠초 빌딩
p.46

디딤판, 바닥면

디딤판(발을 딛는 단)
이나 층계참 등 계단
주변의 바닥면도
눈여겨봐야 할 곳이다.
엘리베이터가 없는
빌딩에서는 모든
사람이 계단을 이용하기
때문에 미끄럼 방지를
비롯해 내구성과 같은
기능적인 면을 중시해야
한다. 사람들이 많이
지나다니는 부분일수록
색이 바라거나 보수로
인한 변색이 있을 수
있다. 반대로 이런 것이
계단의 역사를 증명하는
요소가 되기도 한다.
1층 플로어 바닥은
대부분 공을 들여
디자인하기 때문에
그래피컬한 디자인이나
다양한 소재의 조합을
자주 발견할 수 있다.

청소담당자가
정기적으로 놋쇠를 닦아
변색을 방지한다.
색을 반전시킨 테라초
패턴도 아름답다.
신도쿄 빌딩
p.37

선(線)과 면(面)을
이용한 독특한 패턴의
타키야 본사 빌딩 바닥.
p.198

검은 옥돌의 질감이
드러나게끔 표면을
깎아내고 마무리하여
화강암과 조화를 이루었다.
일본식 여관 같지만
오피스 빌딩이다.
타키야 본사 빌딩.

체커 플레이트의
즉물적인 디딤판에도
회사 깃발을 게양하기 위해
담당자가 매일 왕복하면서
역사가 새겨진다.
오사카 아사히 빌딩
p.216

카펫의 그래픽 패턴이
계단을 타고 공중을
향해 입체적으로 전개된다.
찻집 아메리칸

울퉁불퉁한 계단
챌면(수직면)에 빛이
비치자 세월이
느껴지는 듯하다.
간사이 대학
p.14

259

도자기 무늬 같은
패턴이 미끄럼 방지까지
해주는 옥외 계단

눈에 띄지 않는 무대
뒤편 계단. 아무렇게나
보수를 거듭한 결과지만
우연이 낳은 디자인이
또 새롭다.
도쿄문화회관
p.136

로비와 연결된 타일과
계단 카펫 사이를 잇는
테라초 마감.
도쿄문화회관

상가건물의 좁은 계단을
씌운 비닐 바닥재의
화려한 무늬가 1900년대를
떠올리게 한다.

콘크리트를 얇게
입힌 디딤판이
자연광에 도드라진다.
오사카 닛토 회관

미끄럼 방지 고무가
새겨진 디딤판과
같은 소재로 만든
육각형의 바닥 타일.
뉴 신바시 빌딩
p.164

디딤판에 모자이크
바닥재를 사용한 독특한
나선형 계단.
면업 회관 본관
p.84

계단 뒤편으로 사람이
들어가지 못하도록
계단과 에스컬레이터
밑에는 돌을 이용한
작은 정원을 설치했다.
신한큐 빌딩
p.168

회원제 클럽의 중후한
나무계단에는 역시
레드 카펫이 어울린다.
오사카 클럽
p.226

조명

건물의 중앙 홀처럼 확
트인 공간에 설치된
계단에서는 일상적이지
않은 공간 체험을 할
수 있다. 커다란 조명은
화려함과 아늑함을
연출하는 대표적인
장치다. 조명은 주로
빌딩의 전체적인
분위기나 계단 설계에
맞추어 디자인한다. 그런
이유로 빌딩 설계자가
조명 설치까지 직접
관여할 때도 있지만
조명 전문가에게 따로
의뢰하는 경우도 있다.
전구를 교환하는 일이나
청소 등 조명 기구의
관리 및 유지는 제법
손이 많이 간다. 자칫
밋밋하고 심심한 공간이
될 수 있는 층계참 벽에
아름다운 조명기구를
달아놓기만 해도 특별한
장소로 탈바꿈한다.

머리 위를 올려다보면
밤하늘에 뜬 별처럼
로맨틱한 분위기를
연출하는 조명이 보인다.
면업 회관 본관
p.84

단순한 공간에 압박감이
느껴지지 않는 조명을
설치했다. 어딘가
모르게 미래지향적이다.
아사히신문 빌딩

어둡기 마련인 계단
안쪽 공간도 유리블록을
이용하여 황금색으로
연출했다.
국제 빌딩
p.40

층계참 아랫면을
활용했다. 이와 같은
조명 설치는 누구나
상상할 수 있을 것
같지만 그렇지 않다.
번뜩이는 아이디어다.

격자무늬 천장에 고르게
정렬된 조명은 튀지 않으면서
고상한 인상을 준다.
국제 빌딩

유럽 대성당에 와 있는
듯한 아름다운 장식 조명.
다이마루 신사이바시 점
본관
p.60

빌딩의 얼굴이라고 할
만큼 존재감을 뽐낸다.
5년에 한 번 발판을
설치하고 올라가
꼼꼼히 점검한다.

넓은 공간을 비추는
조명 디자인.
하얀 공간에 떠 있는
듯한 아름다운 조형미가
특징적이다. 다이마루
신사이바시 점 본관

넓은 공간에 큼지막한
조명을 설치했다.
도쿄 사누키 클럽
p.212

오래된 찻집의
역사를 이야기해주는
꿈처럼 반짝이는 샹들리에.

복고풍 금속 장식과
잘 어울리는 소녀풍 조명.

왕관을 포개놓은 듯한
디자인. 불이 켜지면 한층
화려하다.
OMM 빌딩

사람을 위로하듯 어슴푸레
빛나는 부드러운 빛과 조명.
옛 이와사키 저택
정원 양옥
p.206

지금은 사용하지 않지만
세련된 디자인이 아름답다.
메구로구 종합청사
p.232

UFO 형상의, 불시착할 것
같은 원형 조명.
레저 산업 빌딩다운
재치가 느껴진다.

층수 표시

계단참에서 빼놓을 수
없는 층수 표시는 건물과
계단 설계에서 대단히
중요한 디자인 요소다.
지금은 기성품이 많이
나와 있지만 고도 경제
성장기까지만 해도
대부분 오리지널 제품을
만들었다. 서체, 소재,
모양 등이 포인트다.
바닥의 플라스틱 타일을
글자 모양으로 오려내고
다른 색 타일로 메우는
방법도 자주 쓰였다.

계단참에 새긴
커다란 층수 표시.
이만한 크기라면 층을
잘못 찾아가는 일은
없을 것이다.
시오노기 제약
구(舊) 중앙연구소
p.238

효율적이고 심플하다.
지나치게 튀지 않으면서도
아름답다.

밖에서도 보이도록
계단 뒷면에 표시한
층수 표시.

글자 모양을 변형시킨 층수
표시. 세련미가 느껴진다.
아테네 프랑세
p.68

군자는 쓸데없는 말은
하지 않는다는 듯이
댄디한 층수 표시다.

기둥에 깊게 새긴 숫자는
공간에 의도적으로 만들어
넣은 긴장감을 풀어준다.
도코엔
p.202

애교 만점의 조명과
하나가 된 층수 표시.
우쭐대는 표정이 귀엽다.
신한큐 빌딩
p.168

콤팩트 사이즈로 상하
방향을 가리키는
화살표와 글자 배치.

드라마틱한 운명적 만남을
기대하게 만드는 아름다움.
오쿠노 빌딩
p.148

아무리 봐도 질리지 않는
아르데코 디자인은 고급
시계의 문자판 같다.
다이마루 신사이바시 점 본관
p.60

남녀의 실루엣이 성인들의
밤 세계를 연출했다.

성실하고 솔직하며 선명한
흑백의 대비가 매력적이다.
유지공업회관 빌딩
p.152

운명의 갈림길을 표현한
듯한 드라마틱한 사인.

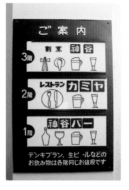

일러스트가 들어간
층수 표시는 아이부터
어른까지 누구나
쉽게 이해할 수 있다.

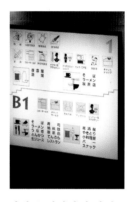

한밤중 거나하게 취해
길을 헤매는 이들의
든든한 친구.
신바시 역 앞 빌딩 1호관
p.174

계단 뒷면

계단을 바라보는
가장 좋은 위치는
위에서 내려다보는 게
아니라 계단 뒤편에서
올려다보는 것이라고
생각한다. 고개를 쳐들고
올려다보는 계단 뒷면의
모습은 때로는 매끄럽고
유기적인 곡면을, 때로는
계단을 지탱하는 구조의
기능적인 아름다움을
만끽하게 한다. 특히
개성 강한 형상의
나선계단은 층계참과
계단 부분의 이질적인
형태를 위화감 없이
연결하기 위해 노력한
흔적이 뒷부분에
고스란히 드러나는
경우가 많다. 수지
타산을 염두에 두지
않은 기발한 아이디어의
계단 뒷면을 발견하면
오래도록 이 계단을 볼
수 있기를 간절히 바라는
마음으로 기도라도
올리고 싶어질 정도다.

독특한 팔각형 나선계단과
그에 못지않게 특별한
나무판을 붙인 뒷면.

알아서는 안 되는 비밀이
저 안쪽에. 도코엔
p.202

찬바람이 불 것 같은
쌀쌀한 뒷모습.

삼나무로 만든 틀에
부은 치장 콘크리트와
흰색 모르타르로
이루어진 투톤 구조.
구라요시 시립 세이토쿠
초등학교
p.102

혹시 가구로 쓰려고
손질해 둔 것일까.
면업 회관 본관
p.84

주인공인 분수를
돋보이게 하기 위해
단정함을 살린 디자인.
오사카 역 앞 제2빌딩
p.178

숨이 멎을 만큼
아름다운 계단 뒷면.
USEN 오사카 빌딩 구관
p.30

톱니를 겹쳐놓은
듯한 기능적인 아름다움이
돋보인다. 간사이 대학
p.14

모자이크 타일로 메운
모습이 마치 산호 같다.

대량생산 제품이지만
계단 하나하나의
고운 자태에서 나름의
미가 느껴진다.
GROW 기타효 빌딩
p.80

빌딩 속 또 하나의 우주.
메구로구 종합청사
p.232

복잡하고 섬세한 이런
트러스(삼각형 구조물)
를 다른 곳에서는 찾아볼
수 없다.
야쿠르트 본사 빌딩
p.52

뒷면의 비틀림과
녹색 테두리의
독특한 조화. 묘조지
p.188

몸에 걸친 모든 것이
멋진 숙녀를 보는
것만 같다.
국제 빌딩
p.40

가느다란 목걸이를
착용한 아름다운
여성의 등과 긴 생머리를
연상케 한다.
유지공업회관 빌딩
p.152

그 외

계단의 매력 포인트는
무궁무진하다. 벽을
따라 늘어선 계단에는
릴리프나 벽화, 특별한
타일 등을 붙여서 벽
전체가 다이내믹한
예술 작품으로 변신하는
경우도 많다. 또한
디딤판을 좌우에서
고정하여 하중을
지탱하게끔 설치하는
옆판도 계단마다
그 형태가 다양하므로
눈여겨볼 만하다.
어두운 계단에 빛을
비추기 위해 여러모로
머리를 쓴 흔적도 적지
않다. 그 외에 건물
정면에서 2층으로 바로
연결되는 중앙 홀 계단은
가장 화려하고 매력적인
외관을 갖고 있다.

계단 가까이 놓인 돔
형태의 공중전화 부스는
대단히 미래지향적이다.
아사히신문빌딩

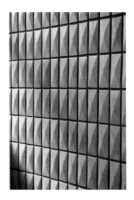

규칙적으로 깔린
입체형 타일의 음영이
건물 표정에 깊이를
더한다.
쇼쿠도엔 본점
p.108

엘리베이터 홀에 있는
박력 넘치는 백색의
대형 타일.
국제 빌딩
p.40

옆으로 비죽 나온 디딤판
덕에 리듬감이 느껴진다.
오사카 역 앞 제2빌딩
p.178

새먼핑크의 포근함이
느껴지는 공간과 모던한
가구의 조화.
도쿄문화회관
p.136

세련된 색조의 계단과
바닥 카펫. 안쪽에
설치한 조명도 분위기를
고양시킨다.

단차가 얕은 나선계단이
서서히 리듬을 타면서 위로
뻗어 나간다.

난간을 지탱하는
가냘픈 라인이 세련된
인상을 준다.
간사이 대학
p.14

스테인리스로 만든
남성적이고 심플한 난간과
매치한 벽면 타일이
발랄함을 더한다.

질리지 않는 컬러를
사용한 타일에 기하학적
무늬의 난간.

어둡기 십상인 가늘고
긴 계단 공간도 벽면
전체에 유리블록을
사용하면 이렇게 개방적인
분위기를 연출할 수 있다.

평범함에 선명한
빛깔을 선사하는 벽면
모자이크 타일.

장난기 넘치는 벽면
장식이 계단에 활기를
불어넣는다.
신바시 역 앞 빌딩 1호관
p.174

창문 안쪽으로 보이는
계단. 계단을 사각형으로
둘러싼 프레임 같은 창틀의
색조가 멋지다.

주룩주룩 내리는 비를
연상시키는 가느다란 라인.

계단 만들기 1

곡목 기법을 이용한 난간

이 책에 소개한 계단들은 목제 난간과 금속제 난간동자로 조합을 이룬 것이 많다. 선명한 나뭇결, 손으로 잡기 좋게 가공한 난간을 만날 때마다 설계와 시공 기술 측면에서 찬탄을 불러 일으킨다. 최근 지어지는 빌딩이나 주택에는 이전만큼 공을 들인 계단을 찾아보기 힘든 게 현실이다. 계단 탐사를 거듭하다 보면 자연스럽게 계단이 만들어지는 과정을 탐구하게 된다. 특히 우아하고 아름다운 곡선미를 살린 난간은 어떻게 만들어지는지, 이 난간들은 정말로 나무를 구부려 만든 것인지, 그렇다면 어떻게 나무를 구부릴 수 있는 것인지 등 목제 난간에 관한 궁금증이 한두 가지가 아니다.

기시와다(岸和田) 시 기무라초(木村町)에 있는 모리안의 목공 공장을 방문해 계단 만들기 현장의 목소리를 들어본다. 책에 실린 계단 중에는 목재를 휘어 만든 것처럼 보이는 계단이 많다. 가구를 제작할 때 고온의 증기에 노출시켜 목재를 구부리는 것을 벤딩이라고 하는데, 이 기법으로 두꺼운 난간을 구부리는 것이 가능할까. 모리안 공방에서는 1년에 한두 번 저택에 설치할 목제 난간을 만든다고 한다. 시간과 노력이 많이 드는 고급 제품이라 주문이 흔치 않다. 영업부 가토 니지오 (加藤二治男) 씨가 나무 난간을 어떻게 구부리는지 설명해주었다.

1

2

①

도면을 바탕으로 실물 크기의 가(假)계단을 만든다. ※휜 나무가 원래대로 돌아가려는 힘은 나무의 종류에 따라 다르다. 그 성질을 고려하여 도면보다 한 단계 낮은 비율로 구부려서 가계단을 만드는데 그 비율을 조정하는 정도는 기업 비밀이다.

3

4

1
선명한 조청 빛의 아름답게 구부러진 후지카와 빌딩 난간.
2
니시타니 빌딩 3호관 난간. 복잡하게 꼬인 곳을 잘게 나눠 깎아 놓았다.
3
바닥에 그린 평면도에 따라 기둥을 세운다.
4
높이를 맞춰가며 도면을 입체적으로 만든다.

②

카드 다발을 구부리듯 얇은 판을 여러 장 겹쳐가며 구부린 후 가계단에 고정시킨다.
※휘는 정도에 따라 다르지만 완만한 커브의 경우 나무 한 판의 두께는 5mm 정도. 끝부분처럼 예리하게 휘는 곡면의 경우에는 0.6mm 정도의 널빤지를 몇 십 장 겹치는 경우도 있다.
※기본적으로는 얇은 널빤지를 여러 장 접착한 집성재를 사용하지만 통나무로도 제작은 가능하다. 만들고 나면 겉보기에는 거의 차이가 없다.

③

공작물을 끼워 고정하는 기구인 바이스로 단단히 고정하고, 접착제로 사각 곡면 덩어리를 만든다. 고정하는 속도나 위치를 맞추는 데에는 경험과 감이 필요하다.

5

6

④

이 단계에서 현장으로 옮겨 잘 맞는지 여부를 확인한다. 구부리는 비율의 오차가 생기면 바깥쪽이나 안쪽에 덧대는 방식으로 조정한다.
※도면에 따라 정확하게 작업하더라도 공사 과정에서 미세한 변형이나 일그러짐이 발생하기 마련이다. 목제 난간을 붙이는 일은 현장에서 하는 최종 공정이지만 도면대로 딱 맞는 일은 거의 없다. 난간의 곡선 부분 등 공정이 복잡한 경우에는 현장에 들어가기 전에 미리 금속 공장에서 맞춰보기도 한다. 현장에서는 나무를 휘거나 하는 것이 불가능하기 때문에 미세하게 어긋나기라도 하면 난간을 들고 다시 공장으로 돌아가야 한다.

⑤

난간 단면 형상에 맞춰서 특별 제작한 커터로 각진 나무의 표면을 깎는다. 삼차원 곡선이므로 일일이 수작업으로 해야 한다. 우아하게 곡선을 그리는 목재 난간은 이렇게 얇은 널빤지를 겹쳐서 휘는 방법으로 만들어 진다. 구부리기 어려운 끝부분은 통나무를 깎거나 가늘게 잘라 가공하는 방법을 쓰기도 한다. 모리안에는 빌딩 난간 보수 의뢰가 들어오는 경우도 있는데 이음새 부분은 기본적으로 수리가 불가능하다고 한다. 이음새를 한번 풀면 구부러진 부분이 늘어지거나 나무 자체가 말라버리기 때문인데, 굳이 고쳐야 한다면 부분적으로 새롭게 제작해야 한다. 하지만 그렇게까지 비용을 들여가며 난간을 수리하는 경우는 거의 없을 듯하다.

7

8

9

10

5
리플 셔플 이라는 카드를 섞는 트럼프 기술.
사진제공 :
아타라시 케이시
6
바이스.
7
난간 단면 형상에 맞춰 특별 제작한 커터 칼.
8
커터 칼을 미끄러뜨리면서 깎는다.
9
집성재 덩어리를 깎은 단면.
10
리투아니아에서 발견한 아름다운 마감 처리.

테라초 계단옆판

갖가지 돌 부스러기를 시멘트와 섞어 평평히 발라 굳힌 후 미장이들이 매끄럽게 연마한 것이 테라초(인조석)이다. 이탈리아 베로나 테라초 지방에서 대리석 대체품으로 처음 만들어진 것이 그 어원이라고 한다. 내구성이 무척 뛰어나 보수하는 일 없이 쭉 사용하는 곳도 많아서 누구나 한 번쯤은 본 적이 있을 것이다.

놋쇠 줄눈으로 그래피컬한 라인을 넣고 색이 다른 테라초로 재미있게 디자인한 바닥은 고도 경제 성장기에 지은 빌딩의 중앙 홀이나 현관, 외관 등 중요한 곳에 자주 쓰였다. 오사카의 미장 전문 업체인 나니와구미(浪花組)의 베테랑 미장이 이토 긴지로(伊藤金次郎) 씨가 테라초 만드는 법을 알려주었다. 먼저 콘크리트로 틀을 잡은 후, 바닥에 모르타르를 칠하고 그 위에 돌(골재)을 섞은 시멘트를 바른 후 연마하여 마무리한다. 이러한 공정을 최소 두 번, 경우에 따라서는 세 번씩 해야 하기 때문에 바르고 말리고 또 바르고 말린 후 마지막에는 물을 뿌려가며 깎고 말리는 작업을 반복한다. 당연히 시간이 걸린다. 한 사람이 만들 수 있는 면적은 하루에 2평 정도. 상당히 고급 마감재인 셈이다. 그런 탓에 공사비를 절감해야 하는 요즘 같은 때는 거의 하지 않는 공법이다. 계단에서 테라초가 가장 많이 쓰이는 곳은 디딤판의 좌우 끝을 마감하는 계단옆판이다.

1

2

271

계단 모양에 맞춰 나무로 테두리를 만들고 그 안을 흙손으로 바른다고 생각하면 되는데 면적이 작고 각이 많을 때는 작업이 상당히 까다롭다. 초벌칠이든 마무리칠이든 한 번 바르면 마르는 데 여름에는 하루, 겨울에는 이틀씩 걸린다. 다 마르고 나면 전동연마기(숫돌이나 사포를 미세하게 진동시켜서 연마하는 전동공구)로 표면을 깎는다. 면적이 넓을 때는 이런 전동연마기를 사용하면 되지만 계단이기 때문에 여기저기 귀퉁이가 많아 그마저도 쉽지 않다. 그런 부분은 숫돌을 이용해서 일일이 수작업으로 해야 한다. 테라초를 만들기 위해 섞는 돌의 종류는 다양하며 몇 가지 돌을 섞어 다양한 색을 표현할 수 있다. 카나리아석, 산호석, 전복이나 조개껍질, 한수석, 견운모 등을 주로 사용한다. 돌의 종류에 따라 색이나 크기뿐 아니라 강도도 달라서 갈기 쉬운 돌이 있는가 하면 그렇지 않은 돌도 있다. 경계를 나누는 놋쇠 줄눈은 스테인리스에 비해 강도가 연해서 테라초와 함께 깎아내기 쉽기 때문에 가장 많이 쓰인다고 한다.

과거에는 이 연마작업만 담당하는 직업이 따로 있었지만 전동공구 보급으로 오래 전에 사라졌다. 테라초 작업 자체는 요즘 직공들도 가능한 기술이지만 젊은 직공들에게는 그 절차가 까다롭기 때문에 긴지로 씨 세대의 분들이 은퇴하고 나면 더 이상 만들 수 없을지도 모른다. 충분한 시간과 공을 들여야 완성할 수 있는 테라초 바닥이다 보니 요즘은 이런 바닥을 딛는 것 자체가 호강에 겨운 일이 되어버렸다.

무라노 토고의 철제 계단

무라노 토고의 계단이 만들어지기까지

계단은 주요 소재와 구조에 따라 목제 계단, 콘크리트 계단, 철골 계단으로 나뉜다(간혹 유리 계단도 있다). 만드는 방법이나 기술자는 각기 다르지만 여기서는 철골 계단이 어떻게 만들어지는지 대해 소개하고자 한다. 특히 아름다운 커브를 그리면서 자로는 절대로 잴 수 없는 유기적 곡선미를 표현한 건축가 무라노 토고의 나선계단이 만들어지는 과정과 그 신비함을 파헤치기 위해 무라노의 계단 작업에 수없이 참여했던 우에노(上野) 제작소의 우에노 야스히코(上野保彦) 씨를 만났다. 오사카 시텐노지(四天王寺) 옆에 본사가 있는 우에노 제작소는 1904년에 창업했다. 오랜 역사를 자랑하는 우에노 제작소는 건축에 사용되는 금속부품을 제작하는 금속 공장이다. 우에노 제작소는 뛰어난 기술력으로 1950년대부터 무라노 건축과 협업해왔다.

이 책에 수록한 닛세이 극장(p.144), 메구로구 종합청사(p.232) 외에도 가부키 극장인 신가부키자(新歌舞伎座), 다카라즈카(宝塚) 시청사 등 무라노 토고 대표작들의 금속 공사를 도맡았다. 1943년에 태어난 우에노 야스히코 씨는 1965년에 우에노 제작소에 입사해, 1975년부터 현장 책임자가 되어 무라노 건축과 함께 여러 차례 작업을 거듭했다. 다음은 우에노 씨가 무라노 계단에 대해 언급한 것을 정리한 것이다.

도면편

계단 제작은 무라노 토고의 설계사무소가 그린 도면을 해독하는 것부터 시작한다. 계단 도면에는 기본적인 형태와 크기만 쓰여 있을 뿐 프리핸드 커브나 세부적인 치수는 적혀 있지 않다. 이런 도면만 가지고는 공장에서 계단을 만들지 못한다. 실제 계단을 제작하기 위해서는 상세한 치수가 필요하기 때문이다. 그래서 우에노 씨나 제도 담당자는 무라노 사무소의 도면에 그려진 커브를 실제 크기로 재현할 수 있게 세세한 포인트를 잡아내는 작업을 한다.

1

1
도면을 앞에 두고 열정적으로 이야기하는 우에노 야스히코 씨.
2
메구로구 종합청사(p.232) 계단 평면도. 모눈종이에 각 포인트까지의 거리가 작은 글씨로 쓰여 있다.
(제도: 우에노 제작소)
3
난간 상세도. 손으로 정성스럽게 그린 도면.
(제도: 우에노 제작소)

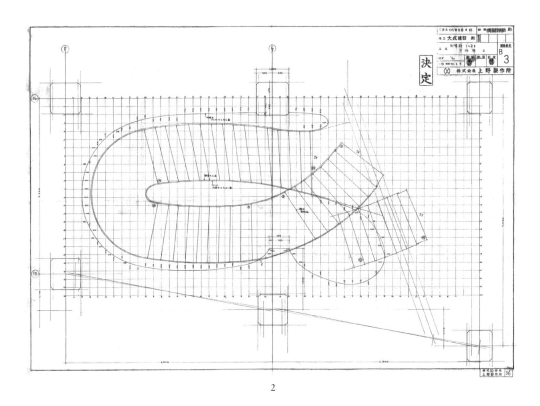

2

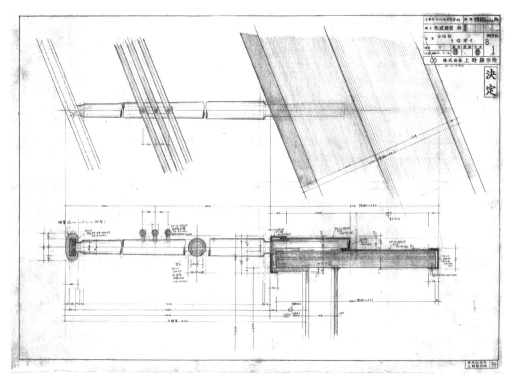

3

4

5

6

7

8

도면에 모눈을 그리고
각 선과 선, 선과 면이
교차하는 점의 거리를
잰다. 커브를 몇 개로
분할하여 구부러지는 비율을
수치화한다. 어디에서
분할해야 매끄러운 곡선을
재현할 수 있을지 거듭
검토하는 것이다. 작업에서
가장 어려운 점은 계단은
평면이 아니라 입체라는
사실이다. 종이 위에서는
예쁜 곡선을 재현할 수
있어도 그것이 입체로
만들어졌을 때 무라노
토고가 생각했던 대로
완성되리라고는 단정하지
못한다. 입체로 만들기
위해 포인트를 산출해
내는 계산 또한 몹시
번잡하다. 그래서 우에노
제작소는 컴퓨터로 도면을
그리는 캐드(CAD)를
도입했다. 정확히 언제부터
캐드를 사용했는지는
기억나지 않지만 1975년에는
이미 캐드로 작업했다.
지금도 건축 설계도면
대부분을 캐드로 작업한다는
점을 감안한다면 우에노
제작소의 신기술 도입은
굉장히 앞선 것이었다.
그런데 우에노 제작소는
캐드로 도면을 그리지는
않았다고 한다. 캐드는
계산기 역할만 했다.

즉, 입체로 만들 때 선과
선, 선과 면이 교차하는
점을 산출하기 위해 당시
어마어마하게 고가였던
캐드를 도입한 것이다.
'도면은 누구나 그리기
어렵지요' 하고 우에노 씨는
웃지만 그렇게라도 하지
않으면 무라노 씨의 계단을
정확하게 도식화하지 못했을
것이다. 이렇게 우에노
제작소와 무라노 사무소
담당자가 몇 번에 걸친 논의
끝에 도면을 확정 짓는데,
가장 기본적인 평면도를
완성시키는 데까지 두 달
정도 소요된다고 한다.

4
가도마 시에 있던
우에노 제작소
공장 모습.
5
메구로구 종합청사
계단을 제작하기
위한 대. 가이드에
맞춰 철판 커브를
만든다.
6
메구로구 종합청사
공사현장. 우에노
제작소의 직공이
계단을 설치하고
있다.
7
사이드의
스테인리스 커버를
다는 중이다.
8
난간이 조금
바뀌기는 했지만
거의 준공 당시의
모습을 간직하고
있다.

공장편

도면이 완성되어 무라노
사무소의 승인을 받으면
공장에서 계단 제작에
들어간다. 우에노 제작소는
당시 오사카부 가도마
(門真)시에 공장이 있었다.
그곳에서 계단을 만드는데,
무라노 토고가 설계한
계단처럼 복잡한 계단은
공장에서 부품을 만들고
현장에서 조립하면 끝나는
방식이 아니었다. 공장에서
거의 완성 단계까지
조립해봐야 한다. 확인 절차
없이 현장에서 조립하는
경우 제대로 설치되는
일이 드문 탓이다. 공장에서
일단 완성시켜보고 다시
분해해서 현장으로 옮기는
과정을 거쳤다.
그 과정을 자세히 살펴보면
다음과 같다. 먼저 도면에
표시해놓은 포인트를 흰색
마커로 공장 바닥에 그리고
실물 크기의 평면도를
만든다. 이어서 철골 자재로
대를 만들어 바닥에 대고 Z
축, 즉 공중으로 들어올린다.
이 대를 계단 제작 시
기준으로 삼는데 한마디로
입체적인 본을 뜨는 셈이다.

대가 완성되면 직공은
모양을 맞춰 가며 각 부품을
조립한다. 물론 분해를
염두에 둔 가조립이지만
검사를 위해 사람이 실제로
오르내리기 때문에 용접을
해야 하는 부분은 제법
튼튼하게 가용접을 한다.
무라노 토고의 계단 중에는
발판을 양 끝으로 끼운
계단옆판이 리듬 체조에
나오는 리본처럼 공중에서
우아한 곡선을 그리는 것이
많다. 그와 같은 계단옆판은
어떻게 구부린 걸까.
물론 철은 간단히 휘지
않는다. 철 같은 금속판을
휘려면 롤러라고 부르는
기계가 필요하다. 파스타용
밀가루 반죽을 얇게 펴는
파스타 머신을 크게
만들었다고 생각하면 이해가
쉬울 것이다. 회전하는
롤러 사이에 철판을 끼워
넣고 압력을 가하면
철판이 구부러진다. 이것이
일반적인 나선계단이라면
이야기는 간단하다. 동그란
원이면 곡률이 일정한지라
같은 각도와 강도를
가하면 도면대로 구부러진
옆판이 완성된다. 그러나
무라노의 계단은 곡률이
일정하지 않으며 여러 호의
조합으로 구성되어 있다.
따라서 철판을 넣는 각도나
누름의 정도 등을 미묘하게
조정해야 한다.

5—6명의 직공이 무거운
철판을 양쪽에서 들고
조금씩 구부려가며 각도를
확인하고 또 확인한다.
그렇게 해야만 특유의
아름다운 곡선이 완성된다.
롤러를 구부리는 정도는
직공의 감각에 맡긴다.
우에노 제작소는 무라노
계단을 위해서 새로운
롤러까지 개발했을 정도다.
무라노 계단을 만드는
데에는 엄청난 시간이
걸린다. 우에노 씨가 예를
들면서 설명한 어느 호텔
계단은 지하 1층에서
지상 2층까지 계단을
설치하는데 맨 처음 논의를
하고 공장에서 만들어
내기까지 약 반 년 정도
소요됐다고 한다.

현장편

공장에서 가조립을 하고 직접 계단을 오르내리며 안전성, 편의성, 소음이나 굴곡 등을 체크하는데 최종적으로 모든 검사가 통과되면 운반 사이즈에 맞춰 다시 분해한 후 현장으로 옮긴다. 한 번 공장에서 만들어보았으니 그 후 작업은 간단할 것 같지만 실제로는 전혀 그렇지 않다. 현장에서 조립해보면 계단을 건물에 설치하는 부분이 어긋나서 잘 안 맞는 경우가 허다하다. 우에노 씨는 "100% 맞지 않는다"라며 웃으며 말한다. 건축물은 최종적으로 현장 내 맞춤 생산이기 때문에 공사현장에는 수많은 업종과 직공이 참여한다. 현장에서나 공장에서나 똑같은 도면을 바탕으로 만들지만 정밀도의 오차나 정보 공유가 잘 이루어지지 않아서 때로는 현장에서 결정한 작은 변동 사항이 공장에 전달되지 않는 경우도 있다. 아무리 잘 만들어도 꼭 어딘가에 어긋나는 부분이 생기기 마련이다. 그럴 때면 서로 머리를 맞대고 아이디어를 짜내어 조정한다. 가끔은 현장에서 해결하지 못하는 경우도 있다. 그러면 어긋난 부분을 공장으로 싣고 가서 새로 만든 다음 재차 현장으로 가지고 간다.

"가지고 돌아가야 하는 경우는 정말 최악이죠"라고 말하는 우에노 씨. 앞서 얘기한 호텔 계단의 경우 현장에 들어가서 난간을 설치하고 철수하기까지 약 한 달이 걸렸다. "일은 고되고 딱히 즐거울 것도 하나 없지만 계단을 무사히 설치하고 나면 그 만족감은 굉장합니다"라며 우에노 씨는 무라노 계단의 이야기를 마무리 지었다.

무라노 계단의 매력

"무라노 씨의 계단은 공정 과정이 굉장히 까다롭지만 이용객 입장에서는 정말 편한 계단입니다." 우에노 씨는 무라노 계단에 대해서 이렇게 이야기한다. 무라노 토고 외에도 수많은 건축가의 계단을 작업한 우에노 씨의 말이다. 특히 나선계단의 편리성은 계단마다 그 차이가 크다고 한다. 나선계단의 가장 안쪽 부분을 딛고 올라보면 무라노 계단에 비해 다른 설계자의 계단은 발판 폭이 지나치게 좁아서 오르기 어렵다는 것이다. 무라노 토고의 나선계단은 발판 안쪽도 폭을 넉넉하게 준 점이 특징이다. 곡선이 복잡한 이유 또한 어떻게 해야 오르기 쉬울까를 고민한 흔적이다. 게다가 무라노 토고의 계단은 노면이 넓어서 단차가 낮다. 즉 계단 경사가 완만해서 오르기 편하다.

누구든지 그런 계단을 만드는 게 가능할 것 같지만 의외로 어렵다. 경사를 낮게 하면 계단 단수가 늘기 때문에 계단을 위해서 넓은 공간을 확보해야만 한다. 하지만 일반적인 경우 설계 시 주변 공간을 먼저 정한 후 남는 공간에 계단을 설계하는 탓에 때로는 좁은 공간에 계단을 밀어 넣어야 하는 경우도 생긴다. 그런 점에서 우에노 씨는 무라노 토고가 건물 설계에서 가장 먼저 계단을 염두에 두지 않았을까 생각한다고 말한다. 이상적인 계단을 그리고 나서 이를 위한 공간을 확보한다는 말이다. 계단을 오르는 사람에게 넉넉함을 선사하는 무라노 토고의 계단은 계단 설계 전에 공간의 넓이를 먼저 가늠하는 일부터 시작했는지도 모르겠다.

BMC(빌딩 마니아 카페)

1950—1970년대 지어진 빌딩에 매료되어 의기투합한 다섯 명의 빌딩 마니아들이 저마다의 시선으로 빌딩의 매력을 이야기하는 단체. 직접 방문한 '빌딩'의 이야기를 엮은 『좋은 빌딩 사진집 west』 (바이 인터내셔널)를 2012년 출간했다. 고도 경제 성장기에 세워진 빌딩이 주목도 받지 못한 채 사라지는 것을 보고만 있을 수 없어 그 시절 빌딩의 매력을 세상에 알리기 위해 「월간 빌딩」이라는 독립잡지를 비정기적으로 발행하고 다양한 이벤트를 개최하기도 한다. 최근 오사카 니트 회관에 거점을 마련했다.
http://bldg-mania.jimdo.com

니시오카 기요시(西岡潔)

1976년 오사카 출생. 매일 '공간과 사이'를 테마로 사진을 찍지만 촬영에 완전히 몰입할 때면 시간 개념 따위 깨끗하게 잊고 오직 건물과 공간을 카메라에 담는 데만 온 신경을 쏟는다. 공간 탐색 유닛 'fernich'에도 속해 있으며 생생하게 살아 있는 날 것의 감각을 유감없이 발휘한다. 그가 찍은 사진으로는 『좋은 빌딩 사진집 west』 (바이 인터내셔널), 『공간 쾌락 안내 기분 좋은 성지—관서 지방 편』 (세이겐샤)이 있다.
http://www.nishioka-kiyoshi.com

BMC 멤버

다카오카 신이치(高岡伸一)

1970년 오사카 출생. 다카오카 신이치 건축 설계사무소 대표, 오사카 시립 대학 특임강사 외에도 오사카 거리를 문화·건축 측면에서 접근하는 다양한 활동에 참여한다. 그가 가장 좋아하는 건물은 '일본 전신 전화 공사 빌딩'이다. 늘 차분한 분위기를 풍기지만 그의 눈에서는 '빌딩 사랑' 레이저가 뿜어져 나온다. 남녀노소를 막론하고 그를 좋아하는 팬이 많다.

사카구치 다이스케(阪口大介)

1979년 오사카 출생. '자유로운 부동산'을 운영하며, 좋은 빌딩의 임대 건물을 중심으로 그 사람에게 어울리는 빌딩을 유용하게 사용할 수 있게끔 중개 겸 내장공사를 담당한다. 낡은 차나 오토바이, 음악을 즐기는 연장선상의 관점에서 '좋은 빌딩'을 사랑한다.

요나가도(夜長堂)

1975년 오사카 출생. 지금은 일본뿐만 아니라 전 세계에서 사랑받는 요나가도의 '모던 페이퍼'를 비롯한 잡화 프로듀스를 담당하면서 스낵바, 골동품을 파는 노점상 지배인, 일러스트레이터 등 다양한 직업을 갖고 있다. 아직 채 세상에 알려지지 않은 '좋은 빌딩'을 발굴하는 능력이 탁월하다.

가와하라 유미코(川原由実子)

1981년 나고야 출생. 「월간 빌딩」과 이벤트 전단지 등 BMC가 펴내는 모든 페이퍼류의 디자인은 그녀의 손에서 태어난다. '좋은 빌딩'에 자극을 받아 직접 그린 디자인으로 활약할 수 있는 자리를 착실히 넓히고 있다. BMC의 기둥으로서의 저력도 대단하다.

이와타 마사키(岩田雅希)

1972년 오사카 출생. 주택이나 사무실 수리를 하는 주식회사 아트 앤드 크래프트(Art and Crafts) 소속 설계사다. BMC의 총무부장이며 「월간 빌딩」의 편집장을 겸한다. 최근 육아에 쫓기고 있지만 '좋은 빌딩'의 돌격대장으로서 처음 찾아가는 빌딩(속 사람)에게 말을 거는 역할을 담당한다.

임윤정(옮긴이)

대학에서 일어일문학을
전공하고, 현재는 출판
편집자, 작가, 번역가로
활동 중이다. 지은 책으로
『카페 도쿄』,『카페 오사카
교토』,『미미동경』이 있으며,
번역서로는『아름다운
영국 시골 길을 걷다』,
『젊은 목수들』일본편,
『비밀기지 만들기』(공역)
등이 있다.

한누리

국민대학교에서 일문학을
공부했다. 현재 출판 편집자
및 번역가로 활동 중이다.
『동화책 불꽃놀이와
유리구슬』,『비밀기지
만들기』(공역)를 번역했다.

Originally published
in Japanese by PIE
International in 2014.
Korean translation
rights arranged with PIE
International, Japan and
Propaganda Press, Korea
through PLS Agency, Seoul.

일본의 아름다운 계단 40
ⓒ 프로파간다

초판 2015년 4월 15일

BMC 지음
니시오카 기요시 사진
임윤정 · 한누리 옮김

북 디자인: 조현열(헤이조)

프로파간다
경기도 파주시
파주출판도시 498−7
T. 031−945−8459
F. 031−945−8460
www.graphicmag.co.kr

ISBN 978−89−98143−28−2
(03610)